JN124193

ハカセのこうしゃっぺぇ話

山本博士 著

ヒーローは人間の生命に寄りそう

アスパラ社

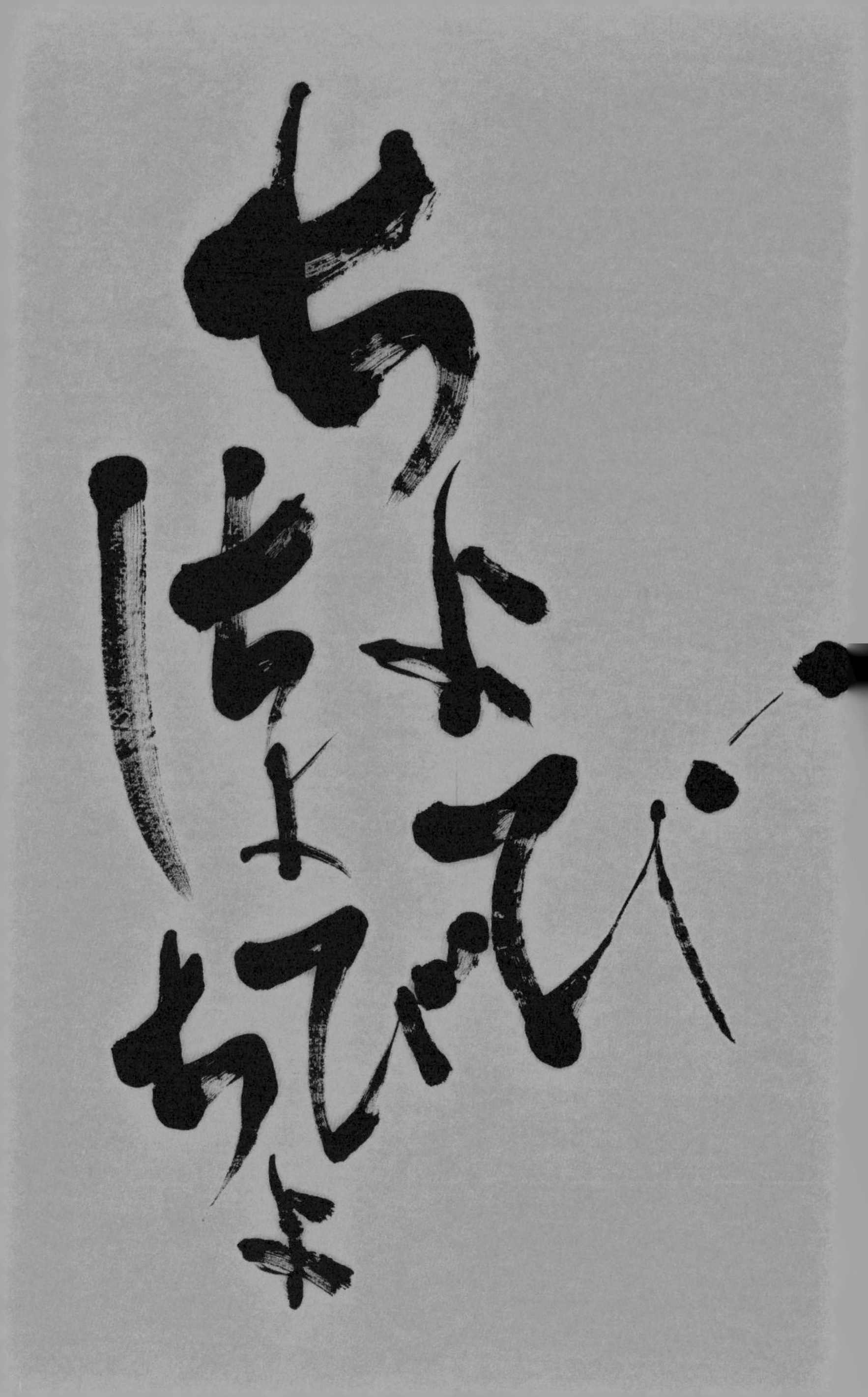

カバー絵「優しさの向こう側に」二〇一九年（油絵）、挿絵　中村夕月

書　「ちょびちょびしちょ」山梨の書家　山田蒼岳

サクライザー（左）＆桜牙（右）

ライガ、邪鬼礼威子、千鬼、
サクライザー、桜牙

PaletGarden
（サクライザーの主題歌を歌うバン

山梨に生きる誇りを胸にＪリーグヴァンフォーレ甲府横断幕スポンサーに
（サクライザー新聞 平成28年4月号）

甲州戦記サクライザー放送開始の祝祭
（サクライザー新聞 平成27年4月号）

サクライザー新聞表紙を背景に
（サクライザー新聞 平成 30 年 12 月号）

毎年恒例の「サクライザー新聞」「サクライザー希望絵画展」には、子どもから大人まで、たくさんの作品が寄せられました。

美しい地球を未来の子供たちに
サクライザー　青い地球を守れ！あっちい地球をさますんた

1 ■地球温暖化の原因と被害予想

2 ■地球温暖化の原因と影響

3 ■地球温暖化防止対策の身近な取り組み

4 ■地球温暖化防止対

地域の商店を巻き込んで行われた
地球温暖化防止キャンペーン

笹本正明『魔玄曼荼羅図』（2015 年）「魔玄新聞」より
1966 年東京生まれ／ 1989 年東京藝術大学美術学部日本画科卒業／ 1990 年春の院展初入選（～ 09 出品）／ 1991 年東京藝術大学大学院日本画科修了／ 1992 年有芽の会（有楽町・西武アートフォーラム）／ 1993 年有芽の会法務大臣賞 受賞／ 1997 年薬師寺大講堂／大繡帳衆色阿弥陀浄土変画縮図制作参加（97 ～ 02）／ 2015 年　Train Train 展（東美アートフェア）／現在 山梨県在住

ハカセのこうしゃっぺぇ話

―ヒーローは人間の生命に寄りそう―

はじめに

ご当地ヒーローは、日本を元気にする。

人の心を熱くさせる。

困難な時代にこそ、その時代のヒーローが現れます。

人口八〇万人の小さな地方都市で始まった、サクライザーと呼ばれるヒーローたちの物語。


新型コロナウイルス禍により、各種のイベントが中止になり、三年の歳月が流れました。サクライザーも例外ではありませんでした。こんな先行きの見えない時だからこそ、直接会って、子どもたちに、大人たちに希望を届けたかったのですが、感染予防からそれもままならなかった。子どもたちは元気にしているだろうか。毎年会っていた自閉症を抱えるご家族はどうしているだろうか……。そうこうしているうちに、全国的に自ら生命を断つ小中高生が最多になったり、社会全体に漂う暗い影に危機感を抱きました。明るい未来を思い描けない若い人たちに、どうしたら勇気と希望を届けられるか。そうだ！　直接会えないのなら、本にしてメッセージを届けよう。そんな思いから、本書を書き始めました。

ご当地ヒーローが大好きな方は勿論、馴染みのない方にも、山梨に興味のある方もない方も、山梨に実際に起こったサクライザーの〝現象〟を楽しんで下さい。

この本はいわゆる「ヒーロー本」の類ではありません。ヒーローのデザイン性や必殺技、設定などの解説はありません。正義のヒーローが悪を倒す、血沸き肉躍る描写もありません。博士（筆者）の関心はただ一つ、ご当地ヒーローによって地域がどのように変化したのか。つまりご当地ヒーローが地域に与えた影響です。山梨という土壌がサクライザーを生み、サクライザーを応援した山梨県民の物語「フィールド　オブ　ドリーム」は、全国に誇るべきものです。そこから日本の進むべきヒントを探ります。

ご当地ヒーローは、仮面ライダーのバッタモンではない!!

一説によると、全国四七都道府県に、三〇〇以上の〝ご当地ヒーロー（ローカルヒーロー）〟がいると云われています。

ご当地ヒーローは、全国ネットで放送されている〝ウルトラマン〟や〝仮面ライダー〟、〝スーパー戦隊〟ほど知名度は高くありませんが、地元のお祭りやイベント、交通安全教室に登場し、素顔を隠して黙々と活動をしています。

あまたいるご当地ヒーローたちには、それぞれ独自の活動スタイルがあります。大きく分けると、地方局でテレビ番組を持つ〝本格的なヒーロー〟と、地元のお祭りやイベントなどでのヒーローショーを中心に活動する〝地元密着型ヒーロー〟があります。最近ではYouTubeをはじめとしたSNSを活用し、地元密着型ながら全国にファンを持つヒーローもいます。

もちろん、実際はなんの後ろ盾もなく、全身タイツなど身近な素材を改造した衣装に身をつつみ「俺はヒーローだ！」と名乗っている人も非常に多いです。特別な許可が必要ではないので、誰でもすぐにご当地ヒーローになれる。こうしたハードルの低さも近年の盛り上がりの要因のひとつです。

山梨県に誕生したご当地ヒーロー「甲州戦記サクライザー」は、地元YBS山梨放送で放送されており、また有料動画配信サイトHuluでもシーズン9まで配信（二〇二三年五月現在）されています。放送以外にも、ヒーローショーをはじめ、地元密着の活動を展開しています。しかし、地元の人でも「サクライザー」は知っていても、どんなふうに誕生して、どんな活動をしているのかは、意外と知られていません。

カウンターカルチャーとしてのサクライザー

〝ご当地ヒーロー〟は、近年では、〝ローカルヒーロー〟と云われることも増えてきました。「甲州戦記サクライザー」の場合は、博士的には〝ローカルヒーロー〟より〝ご当地ヒーロー〟の響きの方が感覚的にしっくりきています。ローカルヒーローは、直訳すると、田舎のヒーローになりますが、それよりは「地域の英雄」と訳した方が体を表している感じがします。

ご当地ヒーローは、有名俳優を使ったり、お金をかけたからといって人気が出るとは限りません。イケメンを揃えるといったメジャーと同じ手法を取っても、メジャーには絶対に勝てません。しかし、メジャーがやらないような、やれないような手法を取ることで〝個性〟が生まれます。これは、隙間戦略と呼ばれるものではなく、メジャーの手法、商業主義に抵抗する、まさにカウンターカルチャーではないでしょうか。地方は中央にＮＯを突き付けてこそ、輝きが増します。

もちろん、「どうせテレビだろ」とか「たかがテレビの子ども番組じゃないか」といった少し蔑む風潮もありました。実際には、子ども相手だからといって、子どもだましは通用しません。現場の人間たちは毎回、凄い作品・ショーにしようと必死でした。熱い思いがありました。正義のヒーローが、ただ怪人を倒せばいい――それだけでは、決して子どもたちに勇気も夢も与えられません。子どもは、大人のように忖度してはくれませんから。だからこそ、やり甲斐があります。

「推し」という言葉をご存じでしょうか。

心理学者の久保（川合）南海子さんは、『「推し」の科学　プロジェクション・サイエンスとは何か』（集英社新書）で、単に好きというだけでなく、グッズ集めやSNSへの投稿など自分が能動的に行動してしまう対象が「推し」だと説明しています。「推し」の頑張る姿を見て自分も頑張れるなど、応援することで「推し」と自分の一体化が生じ、自分の心や行動も変わる。「推し」を押すことは、自分を外の世界とつなぐ働きかけであり、自分と世界のつながりに意味を付けることだといいます。

気を付けないといけないのは、ありがちな〝陰ながら応援しています〟を続けたら、ご当地ヒーローに限らず、あなたの「推し」とは会えなくなってしまうということです。

サクライザーのこだわりは、主人公・桜井ケータが変身（現在は、二代目サクライザーの武田夕月が変身）していること。スタートした時、サクライザーは「中年の星」を目指していました。CG全盛期に、最前線で人間が頑張っている姿に胸が熱くなります。

二〇一五年八月一六日のツイートに「(博士が)あの年で頑張っているのを見ていると、もっと頑張らないとね〜」とありました。博士の存在も誰かの励みになれるような負けない生き方を目指します。

ご当地ヒーローが地域にもたらす幸福感。地域密着のご当地ヒーロー「甲州戦記サクライザー」こそ、山梨で紡いだ「推し」文化そのものです。住み続けたい地域づくりのキーワードです。本書では、そんな「推し」文化を紹介していきます。

地域おこし、町おこしへの関心が高まっている今こそチャンスです。
地域おこしには、ワクワクする物語が必要です。物語のない地域おこしは、一過性で終わってしまいます。
この本で描かれる私たちの経験が、全国各地の新しい物語作りのお役に立てることを願っています。

「甲州戦記サクライザー」は、一〇年以上に及ぶ活動で、ファンとの間に、膨大なエピソードを紡いできました。それらをまとめると一冊では収まりきらず、二冊、三冊になって行かざるをえません。第一冊目である本書では、サクライザーの〝初期〟のエピソードが中心となっています。現在は主人公も、桜井ケータから武田夕月に代わり、新しい物語を紡いでいます。登場人物や設定は変わりましたが、それはまた後の話と云うことで。

さあ、思いっきり山梨のエンターテイメントをお楽しみください。

そして、ぜひ山梨にもお運びください。

なお、本書の内容は、「甲州戦記サクライザー」に登場する山本博士の記憶に基づく個人的な見解であり、「甲州戦記サクライザー」及び株式会社オフィス color eight の公式見解ではありません。

令和五年一月二日　迎春イベント控室にて

甲州戦記サクライザー　山本博士

目次

第1章　サクライザー誕生

七時二三分　その時、山梨の体温が上がった

二〇一一年三月四日金曜日、日本テレビ系朝の情報番組「**ズームイン！**」で「甲州戦記サクライザー」の特集が組まれました。

「やっと報われた」
サクライザーのスーツアクターは、そう呟いた。
サクライザーが誕生してから二年が経っていた。

舞鶴城公園からのサクライザーと魔玄一族のアクション、サーハブ課長、博士ほか登場。(他の出演者は仕事の都合で来られなかった。博士に至っては、呼ばれてもいないのに勝手に、白衣持参で現れた！　注、博士はこの時にはまだテレビシリーズに登場していなかった)

そして、

山梨を象徴する花「富士桜」から、桜の戦士という意味を込め、「サクライザー」という名前になったこと。ショッピングセンター・ラザウォーク甲斐双葉店で開催されたサクライザーショーには、一〇〇〇人以上のお客さんが集まっている。また、保育園や幼稚園へサクライザーが訪問し、子どもたちとの交流が行われ、小さな子どもたちに夢を与える活動をしている。主人公サクライザーを演じているのは市役所の職員。出てくる人物も山梨県民。ヒロインも山梨県民。セリフも甲州弁が使われている……という密着取材が放送されました。

これを受けて、「サクライザー」を知ってる人も、知らない人も、山梨県中がよく分からない感動に包まれました。

Twitterには次のようなコメントが並びました。

▽只今、ズームインのサクライザーに感動中です△（以後ツイートされた文章は▽△で表示）

▽ズームインに山梨のご当地ヒーロー　サクライザー登場！　子どもたち釘付け（笑）ボランティアで幼稚園に行って元気をあげるつもりが、逆に元気をもらったと云って号泣するサクライザーを見て、うるっとした（爆）すばらしい！△

▽ズームインで、ご当地ヒーローの紹介。ものすごい人気ぶり！　サクライザーを作り上げた方々は四〇代前半…仮面ライダーや戦隊モノを見て育った世代だ～　仲間に入れて欲しくなった△

▽地元の有志の情熱に感動。全国規模になるんじゃ…！　朝からちょっと泣いた。幼稚園訪問した背中がちゃんと語っていた。良かった。仮面ライダーに心動かされた人たちによるものに共通するものを感じる！△

▽幼稚園の子たちの「また来てねー！」にホロっときた。…朝からそんなことで泣いている人△

▽感激して泣いてしまった。私も保育園の時、仮面ライダーベルトをしてポーズとっての写真がある。夢を忘れない心って、すごい！△

▽主人公は地方公務員。方言で決め台詞。作り手の情熱が素晴らしい。山梨で大人気△

▽サクライザーがまさかのズームインで特集を組まれる事態に！　さすがに認めざるをえない！△

▽ズームインに出たおかげで、サクライザー関係のツイートがすごいことになっとる。全国区は違うなー△

▽そこはかとなく、こそっぱゆかった……△

▽サクライザーの何が面白いって、主人公が現役の地方公務員なところ。本気の地元密着型特撮ヒーロー。寅さん方式にヒロインが毎回変わるところ。ズームイン、よくやった！△

▽今日は朝から山梨のご当地ヒーロー　サクライザーの話を聞いていたく感激し、パワーを頂きました。ユメを持って頑張っているのは、かっこいい！　さーワタシも負けずに頑張るぞー！　おー！△

インパクトと共感。Twitter での反応は、一九七一年に始まった「仮面ライダー」シリーズによる、変身ヒーロー文化の成熟を感じさせるものでした。

仕事でつくった作品は、好きでつくった作品には敵わない

「ローカルヒーロー博覧会」（石井ゼミ主催：城西大学経営学部　ローカルヒーローを研究実践するゼミナール）によると、ご当地ヒーローの走りは、一九九九年八月にデビューした鹿児島県種子島の「離島閃隊（りとうしえんたい）タネガシマン」です。そこから全国に広まっていき、ご当地ヒーローがあちらこちらで誕生しました。けれどもテレビドラマに進出するケースは稀でした。テレビ局や広告代理店、芸能プロダクションが制作したヒーローがテレビドラマになることはあっても、テレビ業界とは全く関係のないところからヒーローがテレビドラマ化されることはあり得ませんでした（サクライザーの関係者に、テレビドラマづくりの経験者は誰もいなかった）。ＹｏｕＴｕｂｅも今ほど普及していませんでした。

山梨県は地理的に東京が近いためか、表現者を地元ではなく東京から呼んだ方が集客につながる風潮があります。東京からの表現者を尊ぶ傾向にあり、地元の人間を育てようと

しないように思います。しかも行政の無料公演に慣らされているせいか〝タダ〟という発想が根深い。博士も地域おこしを目的に劇場の運営に関わっていたことがありますが、「なんで、金を取るだけ！」とよく云われました。そこから変えないと若者も育たないし、地域文化の衰退を免れないのは言うまでもありません。

山梨の場合、何か活動をしていると云うと、「のーもねえ」と否定形から入るのが常です。サクライザーを知らない工務店の社長（六五歳）から、「金にならんずら、ほんな金にならんこん、やっちょし」と云われました。親からは、「道楽が強い。あんなワニワニしたようなことを」と云われています。そういう反応には慣れていますが、普通の反応過ぎて、正直つまりません。お金以外の精神的な価値に気付けていたら、山梨はもっと発展していたでしょう。

（注）以下は甲州弁とその意味。
のーもねえ、のうもねえ……意味がない。無駄。
やっちょし……やるな。〝し〟が命令形かプリーズ（please）の意味かは微妙。

ワニワニ……ふざける。

東京に行かなくても山梨でもやれます。山梨で出来なければ、どこへ行っても出来るわけがない。東京偏重の風潮を打破すべく、心を熱く燃やし、アクションに汗を流す人たちがいました。立ち上げ当時は練習場所もなく、小瀬スポーツ公園の第二駐車場の街灯の下で練習をしていました（現在は道場をお借りして、畳の上で練習しています）。当時、釜無川の河川敷や山交百貨店の屋上で、誰も知らないヒーローショーをやっていました。お客さんも一〇人くらい、しかも身内だけ。このアクションチームとバンドがSNSを介してつながり、ライブの幕間に流す映像作品を作りました。これが甲州弁を話すヒーロー「甲州戦記サクライザー」初の映像作品。ライブのお客さんの反応に手応えを感じ、YBS山梨放送の情報バラエティ番組「ともちゃん家の5時」に送ったところから歴史のギヤが回り始めました。

未来の扉を開いたのは、真夜中の視聴者！

山梨の週末の過ごし方を提案する新番組「週末仕掛人　ヤマナシプロデュース」がスタート。二〇一〇年四月二四日、サクライザーが出演。さらに、二〇一〇年八月七日二六時四〇分、ＹＢＳヤマナシプロデュース特別版「甲州戦記サクライザー」が放送されました。深夜という時間帯にもかかわらず、突然始まった甲州弁をしゃべる見たこともないヒーローに大きな反響がありました。誰も視聴者がいないと思われた時間の反響に、ＹＢＳから「レギュラーで放送しませんか？」と声を掛けられました。

こう書くと、最初からレギュラー放送の話が進んでいたのではと、疑いの向きもあるかと思いますが、深夜の放送の段階では、その後は全くの白紙でした。深夜にご覧になって頂いた皆さんに、只々感謝です。皆さんの反響がご長寿番組となる「甲州戦記サクライザー」の道を切り開いたのは間違いありません。…にしても、「甲州戦記サクライザー」のレギュラー放送は、ＹＢＳ山梨放送の先見の明というか、プロの凄みを感じました。

チーム・サクライザーの代表に、ドラマ制作の経験者が誰もいない中でレギュラー放送を受けた当時のことを聞くと、「このチャンスを逃したら、二度とない」と思ったようです。未知なものに対して、とりあえず受けてから死に物狂いで勉強すればなんとかなるというチーム・サクライザーの行動原理が発揮された局面でした。成功事例がない。挑戦事例も知らない。だから〝やめておこう〟では、ドラマは生まれません。あえて困難を選び、一歩踏み出すからこそ〝勝ち筋〟は見えてきます。そこから、山梨県中を駆け巡る過酷な撮影の日々が始まりました。

サクライザー、職務質問される!?

「甲州戦記サクライザー」の放送が始まった頃、宣伝の予算もないので、自分たちで幼稚園や保育園を回ろうということにしました。

中央市の幼稚園に行った時のこと。チームの代表とサクライザーが幼稚園に伺うと、「ちょっと待っててもらっていいですか」と。幼稚園の先生に云われて、しばらく待っていると、サイレンを鳴らしたパトカーがやってきました。幼稚園に不審者がやってきたということで、110番通報されたのでした!

なぜヒーローが職務質問される事態になったのか。それまで、ヒーローが幼稚園にやってくるというのは、前例がなかったのです。何を云っても信じてもらえず、YBS山梨放送の担当者に連絡を取ってもらって事なきを得ました。ちなみに、サクライザーのスーツアクター（中の人）のお父さんは山梨県警に勤めていて。「なんで俺の名前を出さなかったんだ!」と後で云われたそうです。

幼稚園の子どもたちに喜んでもらおうと思っただけなのに、こんなに大ごとになってしまうとは。不審者扱い…そこからの始まりでした。それから何年か後に、その幼稚園を訪れた時には、「あの時は申し訳ありませんでした」と云われました。

今でこそ、交通安全教室では、子ども達よりおまわりさんが熱心にサクライザーと写真を撮りますが、最初の頃はこんな感じでした。


また、こんなこともありました。

「甲州戦記サクライザー」の甲州市でのロケハン（現地調査）の時のことです。ロケハンのついでに近くの保育園にサクライザーとご挨拶に伺いました。「いま、お昼寝中だから」と、明らかに迷惑だと云わんばかりの塩対応。それでもと思い、子どもたちのお昼寝が終わった頃に再度伺うと、残っていた子ども達はサクライザーを知っていたので大盛り上がり。すると驚いた園長先生は、慌ててカメラを持ちにいって、その日の夕方には保育園のHPにサクライザーと楽しそうにふれあう子ども達の画像がアップされていました。手のひら返しの仕事の速さに、車中で思わず笑ってしまいました。

「甲州戦記サクライザー」の人気の秘密は、地道な幼稚園まわり、保育園まわりにあります。この地道な活動を怠ると、いわゆる足腰が弱くなってしまいます。会いに行けるヒーローから、会いに来てくれるヒーローの本領発揮です。それは、ファンを増やすこと以上に、子どもたちの魂に触れ、私たちの生命が洗われるような原点を思い出させてくれる大切な儀式のようでもありました。

私は、テレビ放映に安住することなく、その当時から、幼稚園まわり、保育園まわりをやっていたことに誇りを覚えます。

職務質問と云えば、某月某日、深夜のことでした。

東京から帰ってきたともぞーは、睡魔に我慢ができなくなり、中央道小淵沢インターを降りた先にあった「スーパーやまと」の駐車場に車を止め、寝ていました。すると、窓をコンコンコンと叩く音がしました。窓の外には若い警察官が立っていて、

「決まりだから後ろ見せてもらえる?」と声をかけてきました。

車のトランクを開けるとそこには、「サクライザースーツ」が。

「こっ、これは！」

「甲州戦記サクライザーをやっているんです」と云う他ありませんでした。

すると若い警察官は、

「サクライザーのファンなんです。主題歌のＣＤも買いました」

「(自分は) 主題歌のボーカルなんです」

「えっー‼」

真夜中の小淵沢で、感極まる二人なのでした。

あなたに寄り添う　ご当地ヒーロー　忘れられない出来事

二〇二〇年一月二五日、博士は「Jリーグマスコット総選挙」ヴァンフォーレ甲府のマスコット・ヴァンくんへの投票の呼びかけに〝勝手に〟街頭演説で「ひまわり市場」（北杜市大泉町）にいました。その時、一人のご婦人から話しかけられました。親戚の娘さんの結婚式に「甲州戦記サクライザー」が来てくれたそうです。サクライザーが来ることは、新婦のお父さんからのサプライズプレゼントで、出席者はもちろん、新郎新婦にも知らされていませんでした。そのお父さんが昨年亡くなり、「あの結婚式は良かった」と、最後までサクライザーに感謝していた。通夜の晩に、「あの時のお父さん、嬉しそうだった……」と家族で偲んだ。今でも、お父さんの思い出として、あの時のサクライザーが話題になるそうです。

「ひまわり市場」でそのご婦人に会えたのは、全くの偶然。不思議な話ですが、亡くなったお父さんの感謝の思いが、人から人を介して、博士に届いたのだと思いました。

お父さん、確かに届きましたよ。こちらこそ感謝の追善の祈りを送らせて頂きました。

二〇一六年一一月六日、　いつもサクライザーショーに来てくれるお母さんから話を聞きました。

〝お子さんに障がいがあることが分かって不安だった時に、その子が普段は笑わないのに「サクライザーショー」を見て、ニコニコ笑う姿に元気が出た〟という内容でした。他のヒーローショーに連れて行っても表情は変わらなかったのに、サクライザーショーでは笑うのだと。だから毎回、我が子の笑顔が見たくてショーに来ているという話を聞いて胸が熱くなりました。

サクライザーだからできることがあります。サクライザーだから笑顔にできる人がいます。きっと、誰かのために、そう思うから私たちも頑張れるのです。

第2章　サクライザー、誤解される

サクライザーにまつわる誤解〈1〉

▽こんなもんに、税金使いやがって！！！！！△

全くの誤解です！　税金はびた一文使われていません。

このツイートを目にした時、むしろ唖然としました。どっからこんな発想ができるんだ！と。

ギャグかと思いきや、本気で腹を立てている人がいるんですね。ご当地ヒーローって、かつて人気を博したご当地キャラのように、地元の公共団体や企業などが主体となって活動しているものだと誤解していませんか？

云っちゃなんですが、山梨県はハコモノに注ぎ込む予算はあっても、未来へのソフトに注ぎ込むようなことはしません。行政に出来るのは便乗。ならばむしろ、大いに便乗センスを磨くべきなのです。信玄公祭りの武田信玄役に二〇二三年のＮＨＫ大河ドラマに出演している阿部寛は来てくれるだろうか。

ひょっとして、主人公の桜井ケータが、北山梨市（架空の市）の役場の職員という設定だったので、勘違いされたのでしょうか。当時、リアル桜井ケータは、北杜市の教育委員会に勤めていて、北杜市長の許可を得てサクライザーに参加していました。余談になりますが、北杜市役所に「サクライザーお願いします」と保育園の先生から電話があった時、ちゃんと内線が桜井ケータまで回ってきたそうです。

また、「甲州戦記サクライザー」は、ＹＢＳ山梨放送でドラマが放送されているため「山梨放送制作のキャラクター」というイメージを持たれがちですが、実際には全ての活動を市民団体が行なっており、撮影・映像編集・ショースタッフ・出演者・アクションチームは、自営業・公務員・サラリーマン・学生などで構成されているため、それぞれメンバーが休みを利用して活動しています。つまり、あるのは根拠のない自信とやる気だけ、企業や行政等といった後ろ盾はなにもありません。

逆に、「甲州戦記サクライザー」のチープさ、低予算を批判する人もいますが、そういう人が、自分で何かを立ち上げたという話を聞いたことがありません。低予算を否定する人の行きつく先は、〝お金がないから何もできない〟という発想。それは諦めであり、そこから何も生まれてきません。何もしないことの言い訳です。結婚もそうです。若いうちに結婚しても何とかなるものです。結婚は、妥協と惰性と勢い。そうやって、日本は成り立ってきました。

サクライザーにまつわる誤解〈2〉

▽サクライザーの中の人が地元局のアナウンサーで、全然イケメンじゃない、ただのおっさんや！△

半分誤解です。

サクライザーに変身前の主人公・桜井ケータは、北山梨市の役場の職員という設定。

YBS山梨放送には、櫻井和明アナウンサーがいて〝櫻井アナはサクライザーに出演しているんですよね〟とよく間違えられています。二人とも眼鏡をかけているからでしょうか。ちなみに、二〇一七年四月一九日のＹＢＳラジオ「って！　頑張るじゃん甲州人」で〝櫻井和明ＶＳ桜井ケータ〟の桜・桜対決が実現しました。

桜井ケータ

「甲州戦記サクライザー」に出演したことがあるアナウンサー（当時）には前田真宏さんがいます。前田さんは、(「甲州戦記サクライザー」の中で）日本初の銃で撃たれたアナウンサー、キスシーンをしたアナウンサーとなり日本テレビ系列のアナウンサーの中で、〝あいつはどこへ向かっているんだ〟と当時話題になったそうです。ご当地ヒーロー番組の限界に挑んだ伝説のキスシーンの相手のお父さんは、〝あいつだけは許せない。とんでもないことをしやがって〟と云ってました。

平成仮面ライダーシリーズは、オダギリジョーや佐藤健、菅田将暉など若手イケメン俳優の登竜門的番組になっていきました。世のお母さま方も、変身前のイケメン俳優たちに熱い声援を送っていました。「甲州戦記サクライザー」は、そうした時代の流れに逆行し、「イケメンでない役場の職員」を主人公に設定しました。イケメンでないことを売りにするという〝逆転の発想〟です。そして、桜井ケータはそれに見事に応え、唯一無二のキャラクターとして、数々の奇蹟を起こしてくれました（現在は、主人公は二代目のイケメンに引き継がれています）。

二〇一四年四月一四日、サクライザーショーが終わり、桜井ケータが現れました。握手をするようにうながされた子どもがお父さんに、「普通のおじさんだよ！」と納得できない様子。それに対してお父さんは、「サクライザーは普通のおじさんなんだよ」と（笑）誰も間違ってはいないのだが……

サクライザーにまつわる誤解〈3〉

▽「はんでめためたごっちょでごいす」なんて、サクライザーしか使わんら！△

サクライザーと云えば、甲州弁をしゃべるヒーローとして有名です。中でも、変身の時の決め台詞「はんでめためたごっちょでごいす」は、ヒーロー業界の中でも傑作です。なにを云っているのか分かったような分からないような、それでいて個性的で、甲州人のアイデンティティにダイレクトに刺激する決め台詞。完璧です。

サクライザーがポージングを決めれば決めるほど、その決め台詞とのギャップが輝く。まさに、ＴＨＥご当地ヒーローです。

日本テレビの「月曜から夜ふかし」では深夜番組だった頃から、忘れた頃に方言特集をやります。そこで取り上げられる甲州弁は、「ブサイク方言の王者」と認定されています。「はんでめためたごっちょでごいす」が登場すると、〝そんな言葉はサクライザーが登場する時にしか使いません〟という趣旨の甚だ迷惑だと云わんばかりのツイートが、毎回一〇〇件ほど流れてきます。特に若い人からのツイートが目立ちます。「甲州戦記サクライザー」から生まれたと信じている人が一定数いるようですが、もちろん私たちが勝手につくった言葉ではありません。元々、地元に存在した言葉です。〝はんで〟〝めためた〟〝ごっちょで〟〝ごいす〟という甲州弁を寄せ集めたものです。それを昔の人が語呂合わせで冗談交じりに使っていました。だから、そこに特別な意味はありません。

ところが最近、あれは〝忙しいところわざわざすみませんね〟という意味だとテレビ番組で扱われ、あれよあれよという間に独り歩きしてしまいました。甲州人もへえーそうなんだと逆輸入状態になっています。そんな影響で、「はんでめためたごっちょでごいす」で変身するサクライザーは、山梨県外の人からは、戦う相手に〝忙しいところわざわざすみませんね〟と挨拶するとても腰の低いヒーローだと思われるようになっています。

いつか、「月曜から夜ふかし」からサクライザーにオファーが来ることがあるのでしょうか？　その時は、ぜひ、マツコ・デラックスさんに桜井ケータをいじってもらいたいです。「あら、ヤダ！」とか云われながら、煮るなり焼くなりしていただいて、骨は博士が拾います（笑）

サクライザーにまつわる誤解〈4〉

サクライザーの甲州弁は間違っている？

▽甲州弁がひどすぎて笑える（笑）私も使うけど、サクライザー、ちょいちょい何言っているのか分からんし△

▽甲州弁が分からない。おじいやん、おばーやんは、笑っている△

▽サクライザー見た後は、自然と甲州弁を使っている自分がいます。なんだかんだ、皆さん、甲州弁が好きなんですね△

▽甲州弁は一番かわいくない方言だとテレビでやってたけど、サクライザー好きになってからは、忘れかけていた甲州弁に改めて愛着がわいた！　山梨愛。胸張って、甲州弁使

おっと♪△

▽私も甲州弁は恥ずかしくて、なるべく封印していましたが、サクライザーを好きになってからは甲州弁がとても愛おしくなり、恥じることなく使っています。地元愛ですよね△

このように「甲州戦記サクライザー」を見て、若い人からの甲州弁を再評価するツイートがある一方、ある〝疑惑〟が浮上しています。

▽サクライザーで使っている甲州弁、なんかおかしい気がするのは俺だけ？△

▽微妙に、甲州弁間違えていませんか？　生きていれば百歳になる甲州弁丸出しの祖母と生活していたため、サクライザーの甲州弁に違和感があるのですが△

そして、それらのツイートに対するサクライザーの返信はというと、

▽なんちゅーか戦闘のときとか？　どうも地域によっても違うらしいですね。自分は生

まれも育ちも山梨ですよ。北の方です。△

山で囲まれた山梨県は、閉ざされた環境の中で、独自の方言（甲州弁）を発達させてきました。大きく分けると、甲府盆地を中心とした「国中（くになか）地方」と都留、大月、富士山周辺の「郡内（ぐんない）地方」で構成されます。地理的に、国中は長野への交流が、郡内は東京三多摩、埼玉との交流が盛んで、それらの地域の方言の影響もあります。そのため、同じ山梨県内でも、国中と郡内では、なんとなく言葉に違和感を覚えることがあります。

国中と郡内は食文化にも違いがあります。主に冬に食べられる「切り山椒」という餅菓子は国中地方で食べられ、郡内地方ではほとんど食べられていません。お盆には、国中地方では「あべ川もち」を食べますが、郡内地方は「おはぎ」が中心です。

サクライザーにまつわる誤解〈5〉

サクライザーは、山梨のローカルコンテンツじゃないの？

これは誤解です。

「甲州戦記サクライザーショー」は、山梨県以外でも、東京、神奈川、千葉、大阪、福島で好評を博しております。

「甲州戦記サクライザー」は、日テレオンデマンド、Huluにてシーズン9まで全世界に配信中です（二〇二三年五月現在）。

ちなみに北杜市明野(あけの)町の「ハイジの村」で、山梨県外からの観光客に、山梨のご当地ヒーロー・サクライザーを説明するのに、地元での放送の他にHuluの配信もあることを伝えたら、「Huluの勧誘ですか！」と云われたので、「いえ、山梨の勧誘です！」と答えたことがありました。

また「サクライザー新聞」は、タブロイド版八ページ建てのフルカラーで毎月三万部が印刷され、ファンの人たちの手で、全国のご当地ヒーローファンに届けられていました（電子書籍版も毎月配信）。

「サクライザー新聞アプリ」は、世界八七か国一万人以上の方々に、元気と勇気を送り続けてきました。四年半という短い期間でしたが、なんの宣伝もプレゼントもないのに、海外への情報発信に強かったことから、このアプリのコンテンツ力がとてつもない可能性を秘めていたことがお分かりいただけると思います。

昔、日本でもアメリカのサブカルチャーを発見して楽しんでいた人がいたように、海外でも日本のサブカルチャーを探して楽しんでいる人たちがいます。日本のサブカルチャーは、海外の人から見れば〝カッコイイ〟。そうした海外で日本のサブカルチャーを楽しんでいる人たちに発見されたのは大きく、「甲州戦記サクライザー」は、海外向けを意識してつくったものではありませんが、山梨の風土に根差したものが面白く感じてもらえています。

国は、政策として日本のサブカルチャーを輸出しようとしています。官だから伝えられるものもありますが、文化は、〝これ、良いでしょ！〟〝カッコイイよね〟って売り込むのはなじみません。むしろ、誰かに発見され、見つけられ、広まっていくものです。地方都市の海外向けPRも、そこにヒントがあります。

「サクライザー新聞アプリ」は、山梨発：世界市民のパスポート。その経緯は以下のとおりです。

二〇一四年一月二八日〜二〇一八年七月末日終了。

二〇一六年一〇月、国別ダウンロード数で、インドネシアがトップに立つ。

二〇一七年八月、世田谷での街頭キャンペーンの成果か？　国別ダウンロード数日本がトップの座奪還。

二〇一八年六月、全国「ご当地アプリ選手権」山梨代表。

アプリ　山梨の観光ガイド・案内ランキング第二位。

全国「ご当地アプリ」選手権が、「サクライザー新聞のアプリ」についてコメントしていました。

『（サクライザーは）色モノだろうと思いきや、地域イベントに積極的に参加するなど、山梨のＰＲ活動に余念がない様子。アプリでは新聞はもちろん、イベント動画が充実。ぶどう飛ばしや英会話に挑戦するなど、もうなんだかよく分かりません。』

〝――――もうなんだかよく分かりません〟――――客観的に見て、実に適格な表現だと思いました（笑）あの頃はどん欲に、面白いと思うことはなんでもやってましたから。

〝クールジャパン〟ならぬ、〝クールヤマナシ〟を世界へ。

あの頃、よくみんなでそんな夢を語り合いました。サクライザーで飯（めし）が食えるようになったら良いね。そして、このチームでどこまで行けるか、行けるところまで行きたい。山梨から世界へ、アジアツアーの「甲州戦記サクライザー」のアイデアを夜がふけるまで語り明かしました。

いつか必ず、アジアの空に、「ちょびちょびしちょ！」を響かせる！　個人的には、満州にも行って、満蒙開拓団の足跡を訪ねたいです。

実際、海外公演の話もありました。猿回しのサルが何らかの理由で日本から出国できなくなったので、その代わりを探しているとのことでした。猿の代役とはシャレが効いていると思いましたが、結局実現には至りませんでした。

あなたの知らない改造人間の世界

博士のような昭和の人間にとっては、仮面ライダーといえば、改造人間！

「仮面ライダー本郷猛（ほんごうたけし）は改造人間である」のナレーションは、骨の髄まで刻み込まれています。ところが、あの設定がもはや存在していなかった！

「昭和ライダー世代愕然？　仮面ライダーが『改造人間』ではなくなった『納得の理由』」（放送作家・古屋啓子）によれば、平成仮面ライダーシリーズ第一作、オダギリジョー主演の「仮面ライダークウガ」から、改造人間ではなくなりました。石森（いしのもり）プロによると、それは「医療技術が発展して人工臓器移植などが当たり前の時代になったから」だそうです。仮面ライダーは改造手術を受けてスーパーパワーを得ましたが、現実の患者さんには偏見などに苦しんでいる人もいます。初代ライダー誕生当時にはあくまで空想の世界だったことに、現実が追いついてしまったために封印せざるをえなかった、ということなのでしょう。

ネビュラガスによる人体実験が行われる「仮面ライダービルド」、ゲーマドライバー（変身ベルト）を扱うための適合手術を受けた「仮面ライダーエグゼイド」などの例外はありますが、平成以降のライダーたちは、普通の青年が変身ベルトなどの力で仮面ライダーとなるのです。同時に敵も改造によって誕生した怪人ではなくなり、「超古代の先住人類」や「不死の生命体」、「宇宙生命体」などと戦うこととなりました。

平成ライダー、令和ライダーで育った子どもたちには「何を今さら……」という感じでしょうが、昭和のおじ様方にとっては、驚きでした。

今年三月公開された映画「シン・仮面ライダー」では、改造人間がオーグメントとして復活。作中で仮面ライダーは、SHOCKERの開発した昆虫合成型オーグメンテーションプロジェクトの最高傑作として描かれています。本郷猛は強い力を得てしまったことで大きな葛藤を抱えて苦悩し続ける。仮面ライダーは完全無欠のヒーローではなく、「仮面をかぶった人間の物語」です。そこに博士は、魅力を感じます。

ちなみに、「甲州戦記サクライザー」は、山本博士が発明した「サクライザースーツＴＹＰＥ３９ＲＡ」により、サクライザーに変身するという設定になっています。二〇一四年一〇月二三日、日本ローカルヒーロー祭りの「甲州戦記サクライザーショー」で、ピンチを迎えた桜井ケータがサクライザーに変身すると、ニコニコ動画（全国で二五万人が視聴）には、「（体形が）違い過ぎるだろう！」という言葉であふれました（笑）。サクライザーを初めて見た人にとっては、反射的に突っ込みたくなるほどの衝撃だったようです。

その件に関して質問を受けると、博士は、

「サクライザースーツには、ダイエット（スーツ）機能が付いており、あれを着るとシュンとするようになっている」

と答えるようにしています。大抵、笑って納得してくれます。

第3章　サクライザー・ヒストリー

主なメディア出演など

年	月日	
二〇一〇	四月二四日	YBSヤマナシプロデュース　サクライザー出演
	六月二四日	NHK甲府出演
	八月　七日	二六時四〇分　ヤマナシプロデュース特別版「甲州戦記サクライザー」放送
	一一月　六日	二〇時三〇分「甲州戦記サクライザー」放送開始記念イベント　ハンガーホール
二〇一一	一月〜三月	「甲州戦記サクライザー」**ファーストシーズン放送**
	三月　四日	日本テレビ系「ズームイン！」サクライザー特集が組まれる
	三月二九日	山梨日日新聞にサクライザー大きく載る

三月三一日	日本テレビ系「ズームイン!!ＳＵＰＥＲ」最終回　最後の一丸となっての全国リレー中継「助け合おう日本」山梨からはサクライザー　富士山をバックに忍野から登場
四月三日～	毎週日曜日一一時四〇分～**「甲州戦記サクライザー」2ndシーズン放送**
五月七日	ヤマナシプロデュース・サクライザー祭り　ＤＶＤ発売記念イベント
七月二三日	山梨県立博物館サクライザーショーで、「サクラバス」先行販売
八月	「甲州戦記サクライザー」主題歌「サクラバス」山梨県内のセブンイレブンで販売　アメコミ風ポスターとポストカードプレゼント
八月一一日	ＮＨＫ甲府出演 ▽今日ＮＨＫで見ましたが、サクライザーはＹＢＳの局で作ったんじゃなく個人のやりたい方々の熱い思いがあった事初めて知りました。　怪我なさらぬように子供のヒーローになってください。 △

	一〇月三〇日	横浜・山下公園　児童虐待防止「オレンジリボンたすきリレー」 甲州弁講座&甲州戦記サクライザーショー
	一二月	お年玉付きサクライザー公式年賀状、くろがねやで発売
二〇二二	三月一六日	サクライザー　パッケージの〝ほうとう〟発売
	四月三〇日	「てれびくん六月号」（小学館発行）ご当地ヒーロー大作戦掲載
	五月一二日	「ヤマナシプロデュース」で、サクライザー出演者オーディション放送
	六月一〇日	「サクライザー三〇分スペシャル　博士がタイムマシン開発しちもうだよ！　いってーどうなっちもうで!?　午前一〇時二五分から！　楽しみにしてくりょうしよ！」放送　「漆黒の金曜日」
	七月　一日～	毎週日曜日一一時一〇分～「**甲州戦記サクライザー」3rdシーズン放送**
	七月	邪鬼礼威子（じゃきれいこ）、「地ビールフェスト甲府二〇二二」地ビールクイーンに

八月二六日	「一〇〇〇人のサクライザー体操」決行！
九月	文化放送**KinKi Kids「どんなもんヤ！」**のオープニングでサクライザーの話題が取り上げられる
	桔梗屋から「サクライザープチカステラ」誕生
九月一八日〜	全国のローソンでアサヒ十六茶と三ツ矢サイダー購入するともらえるご当地ヒーローカードにサクライザー登場
九月二九日	「甲州戦記サクライザー」2ndシーズンDVD発売
一一月	サクライザーが保育園をサプライズ訪問して園児と触れ合った回のYBS山梨放送「週末仕掛人・ヤマナシプロデュース」が日本テレビ系列（NNS）情報番組大賞に選ばれる！
一一月一六日〜三月末	日本最大のケーブルTV　J.COMで「甲州戦記サクライザー特別版」配信
一一月一七日	日本テレビ系「ズームイン！　サタデー」出演。中央市布施　酒彩緑屋　トマト焼きそばを紹介

	一二月三〇日	〇時五〇分〜「甲州戦記サクライザー」3ndシーズン一挙放送
二〇一三	二月二四日	ヴァンフォーレ甲府J1昇格パーティー　サクライザーが、シンガーソングライターの神部冬馬さんとギターを弾く
	三月一〇日	北杜市立日野春小学校閉校式　物語を映像からショーに発展させ、映像には在校生や現役教師、日野春小OBも参加
	三月一六日	YBSヤマナシプロデュース　日野春小学校閉校式　放送
	三月一七日	よみうりランド「ヒーロートレーニングセンター」オープニングイベント　八大ご当地ヒーロー大集合　サクライザー初の東京進出イベント
	四月　七日〜	毎週日曜日一一時四五分「**甲州戦記サクライザー**」**シーズン4放送**　第二話で、サクライザーがご当地ヒーローで初めて空を飛ぶ！（ハングライダー）
	五月一九日	フジテレビ系「ローカルヒーロー大集合！」サクライザー登場

七月	祝富士山世界遺産！サクライザーお祝い富士登山
七月二七日	小淵沢ホースショー「甲州戦記サクライザーショー」に福島のテレビ局の取材が入る
八月	「サクライザー新聞」創刊準備号発刊
八月　四日	「山中湖キララ交流プラザ祭り」**乃木坂46と共演**
九月　四日	「熱中ポカリ動画コンテスト」全国第一位
九月二一日・二二日	ご当地キャラ　こども夢フェスタin白河（福島）登場
九月二五日	「月刊サクライザー新聞」創刊号発刊
一〇月一九日～	「第三者行為による被害届（国保）」（北杜市ＣＡＴＶ）出演
一一月一六日	イオンモール富津二〇周年祭特別企画「ユニセフチャリティーご当地ヒーロージョイントアクションショー」（千葉県）出演

	一二月一七日	「富士の国やまなし大使」就任
	一二月一八日	ＪＡの子ども向け雑誌「ちゃぐりん」一月号　ＪＡ共済の交通安全教室をやったご当地ヒーローとして、ネイガーとサクライザーが掲載
	一二月三〇日	ＡＫＢ48「恋するフォーチュンクッキー」企業カバーＰＶフォネットグループＳＴＡＦＦバージョン参加
二〇一四	一月二六日	関西最大のローカルヒーローフェスタ「大阪ジャスティス二〇一四〜冬の陣〜」出演
	一月二八日	「サクライザー新聞アプリ」誕生
	三月一七日	一九時〇〇分〜　ＴＵＦ（テレビユー福島）「キラリ福島」サクライザー出演
	三月三〇日	日本テレビ系「スクール革命！」「年に一度の修学旅行ＳＰ！富士山の麓で大はしゃぎ」道の駅富士吉田　五人連続で邪鬼礼威子のあっち向いてホイ！　をかわすことができたら「甲州ワインビーフ富士溶岩焼きステーキ」が食べられる。桜井ケータにサクライザーの変身を見せてもらい楽しませてもらった。

四月　六日	一一時四五分～**「甲州戦記サクライザー」シーズン5放送開始**
五月一八日	フジテレビ系「ローカルヒーローが行く!!日本まるわかりご当地クイズ」　大善寺　甲州ぶどう　正徳寺温泉初花　ぶどう新芽の天ぷら
六月二四日	「AKB48　37thシングル選抜総選挙71位記念イベント田名部生来　大感謝祭～感動！　感激！！　乾杯！！！～」　渋谷クラブエイジア　サクライザー、桜牙　サプライズゲスト出演
七月二三日	「AKB新聞7月号」にサクライザー&桜牙掲載。AKB48選抜総選挙で初めての〝お祭り〟、田名部生来さんの〝父よ娘よ大感謝祭〟の記事の中で、共演経験のある山梨県のご当地ヒーロー「甲州戦記サクライザー」と紹介された。
九月　九日	主題歌「サクラバス」挿入歌「24色のストーリー」　カラオケLIVEDAM　全国一斉配信スタート
九月二六日	甲州戦記サクライザーとコラボした「ナイーブ」発売二〇周年記念CMが放送

	一〇月	山梨交通「Bus Terminalバスからはじまる情報ターミナル2014秋号」掲載
	一〇月二三日	「日本ローカルヒーロー祭り」（千葉）「甲州戦記サクライザーショー」に田名部生来（AKB48）、白須慶子（大河女優）も参加
	一一月	非売品サクライザーQUOカード
	一二月三日～	「甲州戦記サクライザーラッピング中央高速バス（山梨交通C765）」運行開始全国へ
二〇一五	一月二八日	「山本四郎博士講演会」山梨県立谷村高校・都留興譲館高校
	三月一一日	「山本四郎博士講演会」山梨県立谷村高校・都留興譲館高校
	四月　五日	一一時四五分～「**甲州戦記サクライザー**」**シーズン6放送開始**
	七月一〇日	クラシエホームプロダクツ「ナイーブ」と「甲州戦記サクライザー」コラボCMシーズン2放送

	八月 三日	邪鬼礼威子「地ビールフェスト甲府二〇一五」選挙管理委員長就任
	八月 八日	はくばく直営店夏祭り「富士桜ポーク甲州戦記サクライザーおむすび」実演
		エフエム富士開局二七周年記念特別番組公開生放送 出演
	一一月 七日	日本テレビ系「ズームイン!!サタデー」、映画「日本ローカルヒーロー大決戦」の紹介でサクライザー登場
	一一月二一日 二二日	「博士の激走30時間」（ママチャリでツイキャスしながら県内を走る！）
	一二月	中京テレビ系「宮根誠司 vs 中部一〇県えっ！〇〇しらないのっ!?」出演
二〇一六	一月二三日	地域密着生活情報誌「なないろ二月号」巻頭特集「甲州戦記サクライザー」（博士のお相手を募集するも全く不発に終わる）

	三月	文化放送超！A&G＋「三澤紗千香のラジオを聴くじゃんね！」放送五〇回記念で、「サクライザー新聞」二号三号セットにして番組からリスナーにプレゼントされる
	三月 六日〜	**「サクライザー新聞」Jリーグ　ヴァンフォーレ甲府の横断幕スポンサーに！**
	五月	パナソニック　プライベート・ビエラ　綾瀬はるかとサクライザーの共演CM放送開始 サクライザー、パナソニック・ビエラ・アンバサダー就任
	七月	綜合図書「現代画家が描く　美と幻想の世界」日本画家：笹本正明氏による邪鬼礼威子モデルの作品掲載
	七月三一日	改正暴力団排除条例施行記念式典出演
二〇一七	一月二七日〜	Huluにて「甲州戦記サクライザー」シーズン7先行配信
	四月	J.COM　東京江戸川区「平井親和会商店街キャラクターパレード」として、サクライザー山梨キャンペーン第二弾が紹介された

		auと「甲州戦記サクライザー」のコラボCM（山梨限定）放送開始
	四月　二日	一一時四五分～**「甲州戦記サクライザー」シーズン7放送開始**
	八月　四日～一〇日	LIXIL（リクシル）とサクライザーのコラボCM放送開始
二〇一八	六月二一日	テレビ朝日系「くりいむvs林修！超クイズサバイバー」番組VTR出演
	一〇月	「甲州ワニワニ娘の甲州弁自動販売機」に邪鬼礼威子登場
	一二月三〇日	一般社団法人山梨県建設業協会CM始まる
二〇一九	三月三〇日	山梨日日新聞、シーズン8放送開始全面告知
		「富士急ハイランド」五〇周年記念「Fuji-Qヒーローフェスティバル」コラボショー
	四月　五日	信玄公祭り前夜祭「湖衣姫コンテスト」荊沢サラ、ファイナリスト登場

	四月　七日	一一時四五分~**「甲州戦記サクライザー」シーズン8放送開始**
	六月　二日	「甲州戦記サクライザー」シーズン8　第9話「激闘　千鬼」の放送で、通算一〇〇話達成。
	七月　八日	「平成大特撮一九八九―二〇一九」(別冊映画秘宝編集部編)「甲州戦記サクライザー」年表に掲載
	八月二五日	24時間テレビ　エンディングの全国中継山梨からサライを全力で歌うサクライザーと博士の姿が流れる
二〇二一	一〇月一〇日	文春オンライン「ローカルヒーロー」の世界【北海道~関東編】サクライザー掲載
	一二月二二日	エルテックグループ　「甲州戦記サクライザー」ラッピングトラック運行開始

就任関係

二〇一三	一一月一七日	「甲州戦記サクライザー」「富士の国やまなし大使」就任
二〇一四	一〇月一一日	サクライザー　富士吉田警察署犯罪抑止対策隊長　就任
二〇一五	二月一一日	サクライザー　ボウリング親善大使　就任
二〇一六	五月	サクライザー、パナソニック・ビエラ・アンバサダー就任
二〇一七	九月二五日	サクライザーと邪鬼礼威子　富士吉田警察署一日署長　就任
二〇一八	一月　八日	サクライザーと邪鬼礼威子が富士吉田警察署一日署長 荊沢サラが地域課長　就任
二〇二一	六月　八日	「全国都道府県対抗eスポーツ選手権二〇二一ＭＩＥグランツーリスモＳＰＯＲＴ部門」山梨応援キャラクター就任

笑顔は幸せの結果じゃなくて、幸せの原因
笑顔が広がれば、世界はもっと明るくなる

■サクライザーと一緒に交通ルールを学ぶ交通安全教室（主催・ＪＡ共済連山梨、県警、山梨日日新聞社、山梨放送）

■子ども向け交通安全ＤＶＤ「甲州戦記サクライザー　交通ルールを守るずら！」

■サクライザー　博士と学ぼう！　おかねのながれ（主催・山梨中央銀行）

■どんどん学ぼう土曜学習（甲府市小中学校ＰＴＡ連合会）

■サクライザー　移動ボウリング教室（主催・ダイトースターレーン）

■サクライザー×株式会社はくばく　やまなし食育プロジェクト

■サクライザーと行く果物狩りシリーズ（桃・ぶどう・さくらんぼ）

各地のお祭りやイベントでの「甲州戦記サクライザーショー」の他、小学校の道徳の授業、高校のキャリア教育、幼稚園や保育園、養護施設、盲学校等への慰問活動等多数

ファイナンシャル教育は、時代の要請
「おかねのたび」

甲州戦記サクライザー　ラッピングトラック
今日も、ご安全に！

内村光良さん、サクライザーにツッコミ！

変身のポージングは、ヒーローの生命。生身の人間からヒーローへの変身に説得力を持たせる、美意識の結晶ともいえます。それ故、誰もが、ヒーローの変身ポーズに憧れを抱きます。

「チェンジ、サクライザー！」

二〇一四年三月三〇日放送の日本テレビ「スクール革命」。実際の撮影では主人公の桜井ケータとサクライザーの〝変身〟と〝解除〟が、延々と繰り返されました。桜井ケータは、そのたんびに、ウッチャン（内村光良）に、「**変身が〝雑〟!!**」と突っ込まれていました。そこを突いてくるとは、さすが内村さんです。爆笑が起こってました。

変身を〝雑〟と突っ込まれる、そんなヒーローはありえません。ヒーロー協会があったら、除名モノです。ヒーローの風上にも置けません。

でも、最後は、「**あなたは、本物です！**」と、桜井ケータは内村さんから笑顔で云われました。内村さんも認める本物のヒーロー、それがサクライザーなのです。

二〇一四年四月一日、シナリオ会議の席上、サクライザーが出演した「スクール革命」を見ました。桜井ケータは、「恥ずかしいから、オレは見ない！」と云い張っていましたが、羽交い絞めにして半ば強引に見せました（笑）。まんざらでもなさそうでした（笑）。

二〇一四年四月一日、「見たよ！　最高だ！」という山梨県外からの報告が寄せられています。「スクール革命」に出演したサクライザーへの反応です。Ｔｗｉｔｔｅｒの書込み数がその衝撃を物語っていました。勢いあまって、ＴｗｉｔｔｅｒとＹａｈｏｏのトレンド入りまでしてしまいました。全国規模ってこういうことなんですね。

二〇一四年三月三〇日。

▽スクール革命ってどこでやってるの？　サクライザー出たってあったけど、もしかし

て一部地域放送してないってやつ?△

二〇一四年四月七日。

▽サクライザー、トレンドにまで入っているのに、山梨県放送してなくて、県民が「?·?·?·」ってなっている。一部地域山梨あるある。なんちゅこんで△

(当時「スクール革命」は、山梨県で放送されていませんでしたが、現在は、YBS山梨放送で放送されています。)

二〇一四年三月二九日、邪鬼礼威子曰く、

▽ジャニーズ目の前に、まぶし過ぎて倒れそうであった(笑)△

ちなみに、番組内で邪鬼礼威子は、Hey! Say! JUMPの山田涼介さんと知念侑季さんと〝あっちむいてホイ〟で戦っていました。

第4章　ようこそ！　サクライザーショーの世界へ

人を熱くさせるのは人だ。〝生〟にこだわるショーの世界

「甲州戦記サクライザーショー」は、毎回毎回その土地やイベントに根差した内容になるように心がけています。ライブ感覚を大切にしているので、ヒーローショーの主流の完パケ(注)は、チーム・サクライザーにはありません。毎回リハーサルのたびに、演者のみんなで、どうしたらもっと面白くなるのかを試行錯誤しています。だから、リハーサルは笑いが絶えません。さらに、メジャーのヒーローショーとは違って、変身前の主人公はもちろん、テレビに出てくる登場人物がそのままショーに出てきます。この豪華さは、メジャーではなかなか出来ないことです。テレビで、新しい登場人物や怪人が出た時には、いつショーに登場するのかファンの期待は高まります。

(注)「完パケ」
「完全パッケージ」の略。セリフや音楽、効果音などが事前に編集され完成されており、ステージ上では流された〝音に合わせ〟て役者が演じます。アドリブの余地はありません。キャラク

ターショーでは、同じものを使い回すのが一般的です。

二〇一三年一〇月二九日、甲府えびす講祭りの打ち合わせにうかがいました。昨年の「サクライザーショー」は、衝撃だったようです。担当者曰く、〝サクライザーは、所詮、東京のモノに比べれば無名の人たち。お客さんが集まるだろうかと、心配していた。ところが、いざ蓋を開けてみると、子どもだけでなく、大人もわんさか集まりだし、大声援〟。今までのイベントで経験したことのない盛り上がりだったそうです。なんなんだ、サクライザーって！

二〇一六年一〇月一日。（山梨県出身お笑いコンビ　ダンビラムーチョ　大原優一さん）▽山梨が誇るご当地ヒーロー　甲州戦記サクライザーショーを観させてもらいました。最高でした。何がいいって、サクライザーがずっと甲州弁なとこ。敵にやられるときに、「痛いじゃんけ！」とか「ズラ！　ズラ！」っていいながらパンチを出したり、敵を倒しての決め台詞が「ちょびちょびしちょ！」。おもしろすぎ。△

二〇一四年七月七日、先日の「ててて！　ラララ♪　祭り」のサクライザーショーに、山梨県外から来てくれた、ご当地ヒーローファンの方々が驚いていました。サクライザーに、おじいちゃん・おばあちゃんのファンが多いことに。それも、お孫さんと一緒に会場に来ているのではなく、〝一人〟で来ているのです。これは、他のご当地ヒーローではありえない現象です。

サクライザーショーは、おじいちゃん・おばあちゃんたちにとっては、自分たちの息子や娘たちがやっている感覚で、応援せずにはいられないようです。握手会や撮影会には並びませんが、ショーが始まる前には、前の方に移動して、見やすい位置をキープしていました。

最近では、高齢の一人暮らしの方が増加しており、社会とのつながりも少ない孤立傾向が問題になっています。孤立は、喫煙や過度な飲酒、肥満よりも死亡リスクを高めるといわれています。そんな中でも、サクライザーショーに足を運んでくれる山梨のおじいちゃん・おばあちゃんには感謝です。

それに加えて、県外からのご当地ヒーローファンにとって理解できなかったのが、博士が登場した時に、会場が沸いたことでした。なぜ？　どうして？　おかしいでしょ！　これこそが、ご当地の温かさであり、サクライザーが地域に浸透している証だったのです。

悶絶！〝つーふー〟挽歌（エレジー）　博士は何度再発する？

二〇一四年一〇月二三日、日本ローカルヒーロー祭り「甲州戦記サクライザーショー」を終えた、当時国民的アイドルＡＫＢ48だった田名部生来さんは、自身のブログに綴った。

「まず桜井さんみるとうちの親父思い出すし
サラちゃんは、安定してかわいいし、
そして、
はかせは、つーふーだしｗ」

国民的アイドルに、〝つーふー〟をいたわられたことのある人は少ないのではないでしょうか。これは博士の、ちょっとした自慢です（それは、自慢することなのか？）。

二〇一四年夏、山開き前の富士山の登山道の整備登山。山頂まで登って行くのも大変ですが、空気が薄い中での作業も大変でした。おまけに博士は、三日前に〝つーふー〟を再発させたばかり。さすがに下山の時は、痛みで歩けなくなりました。〝日本一（高いところ）の痛風男〟です（それって、自慢できることなのか？）。

二〇一五年三月二九日。
▽皆の者！　おはよう！　今日は、フォネット甲斐竜王店の一日店長をサクライザー桜牙がやるらしいぞ！　午後からは山本四郎もいるらしい。しかし、四郎の今日の弱点は右足だ！！！　痛風が再発したらしいぞ。皆で攻撃してあげてねっ♫△
サクライザーの悪役の長（おさ）・邪鬼礼威子から指令がツイートされました。

その日の午前中は、山梨市の体操クラブの「甲州戦記サクライザーショー」。痛風の痛みを堪えて、なんとか乗り切った博士でしたが、それを、邪鬼礼威子の知るところとなったのです。午後から甲斐市のフォネットに移動したところ、痛み止めを飲んだ博士を待っていたものは……

▽博士を、みんなで襲撃中！△
▽弱点の右足を襲撃される山本四郎博士。△
▽礼威子様の仰せの通り、博士を攻撃して参りました。△
▽礼威子様の密命により、四郎博士をたっぷり襲撃して参りました。△

痛みに耐えかね床に転がる山本博士の右足を、邪鬼礼威子の指示により、嬉しそうに襲うファンの人たち。博士が痛みに耐えかね、悲鳴にも近い声を漏らすたびに、会場はヒートアップ、謎の熱気に包まれたのです。苦悶の表情の博士の姿が、次々とネット上に上がったのは言うまでもありません。

中には、左足を攻撃する〝おっちょこちょい〟もいて、

「違う！　違う！　足が違う！　……右！　右だから痛いのは」と博士。

もはや痛みを耐えているのか喜んでいるのか、なんだかよく分からないカオスな世界に。

痛風で死ぬことはないが……死ぬほど痛い！

こんな身体を張ったファン参加型のヒーローショーは、見たことがありません（笑）。

山梨のファンは、ノリが違います（ファンとの信頼関係でやっています。良い子はマネしないでください）。


二〇一五年七月六日。
▽漢字の宿題に「痛い」とあったので、「博士が患っている〝つーふー〟の〝つう〟の字が痛の字だよ」と教えてあげたら……娘に変な目で見られました。
大概、サクライザーに関連した例を挙げて教育するのがうちのやり方です△

——「痛い」話です（笑）

二〇一九年一月三日。
▽山本博士が、痛風の痛さを語っているって、サク友さんから画像付きラインが来た（笑）△

なお、この時の「新春サクライザーショー」の恒例の新年の抱負は、

今年は休みたい！　桜井ケータ

今年は楽をしたい！　荊沢（ばらざわ）サラ

今年は健康に気を付ける！　山本博士

新年早々痛風再発の痛すぎる話を披露して、サク友さんたちに衝撃が走りました。

新年の抱負。それで良いのか？　ヒーローたち！

という疑問が投げかけられました（笑）

ちなみに、博士のつーふーは、ぜいたく病ではありません、念のため（笑）。

「私、失敗しないので」大門未知子はそう言った

二〇一六年一〇月二八日、山梨県で「第49回日本甲状腺外科学会学術集会」のシンポジウムや講演会等が断続的に行われていました。その懇親会の中で「甲州戦記サクライザーショー」をサプライズで開催。担当者曰く、〝学会に、ご当地ヒーローが登場するのは初の試み〟とのこと。

「第49回日本甲状腺外科学会学術集会」パーティー会場に突如現れた魔玄一族が。「無礼講！！」と宣言すると（そもそも、魔玄一族側が宣言することではない）、その甲状腺外科学会の権威ある教授たちを次々にステージに上げて血祭りに（笑）。これぞ、山梨のお・も・て・な・し。

「てっ！　困ったよー。サクライザー、やられちまっただけ。こぴっとしんから、ほういうこんなるで。みぃしみろー」

この時は、「意味が分からなくても、全然構わないから……」と、主催者の要望があり、甲州弁を増量しました。

そして観客が腕自慢のお医者さんだらけということで、ドラマでよくあるやつをやってみたくなり。

「お医者様(注)はいらっしゃいませんか。お医者様はいらっしゃいませんか？」

ほらほら、航空機や新幹線なんかであるやつです。

「あれ、会場のお医者さんは、みんな不安そうな顔なんだけど、大丈夫なのかなー」。

会場を挑発することも忘れません。

「私、失敗しないので」は、「ドクターX外科医・大門未知子」（テレビ朝日系テレビドラマ）の決め台詞。この日の「甲州戦記サクライザーショー」の演者の中に、小児科の女性医師がいたので、「私、失敗しないので」をやってもらいたくってウズウズしていました。

もちろん、教授の皆さんが、「大門未知子(だいもんみちこ)」を見ているとは限りませんが。

ちなみに山本博士は、二〇一三年、「ドクターX外科医・大門未知子」にエキストラで参加しています（笑）。その昔は、「家政婦は見た！」で小芝居していた過去があります。

そんなやりたい放題の博士でしたが、先方の希望で「サクライザーショー」の最後に、山梨のアピールもいたしました。

また、主催者と打ち合わせの時に、「サクライザー新聞」の「小児救急電話相談」を見た担当者から、「こういうことも、ちゃんと考えているんですね」と云われました。

（注）「お医者様はいらっしゃいませんか」
実際にあるんですね。JR中央線で子宮外妊娠で危ない状態になった東京からの出張帰りの女性が、たまたま乗り合わせていた県立中央病院の医師により一命を取りとめた話を聞いたことがあります。列車が甲府駅に着くと同時に、待機していた救急車で山梨県立中央病院に運ばれたそうです。

「サクライザー体操」にトコトンこだわってみました

「小さなチビッ子から、大きなお父さんお母さん、おじいちゃんおばあちゃんまでご一緒に！　ミュージック、スタート〜〜!!」博士のきっかけで体操が始まります。

「甲州戦記サクライザーショー」のエンディングに、超常現象対策課の面々と会場の〝お友たち〟とで踊る「サクライザー体操」があります。「そうだ！　身体を強くするために、みんなでサクライザー体操をしよう！」と呼び掛けていますが、実際はサクライザーショーでの興奮をクールダウンさせるためのもの。悪役の魔玄一族の怪人が怖くて泣いていた女の子も、気持ちを切り替え、前に出てきて元気に踊ってくれたのが印象的でした。

「サクライザー体操」を普及するために、「サクライザー体操レクチャー版」ＤＶＤを作成し、山梨県内の二〇〇もの保育園に、「サクライザーカレンダー」と共に贈りました。

この「サクライザーカレンダー」が保育園の一番目立つ所に貼ってあるのを見ると、うれしかったです。

「サクライザー体操」は、甲州弁を交えた歌詞を初代主人公の桜井ケータが、ほのぼのとした曲をチーム・サクライザーの代表がつくり、体操の振り付けはチームのみんなで考えました。歌っているのは誰か、ファンでも気が付かない人が多いようです。

当時、山梨の運動会は、「マルモリ体操」「ヴァンくん体操」そして「サクライザー体操」が三つ巴状態でした。一歩抜け出すには、「サクライザー体操」に特化したイベントが必要だと判断しました。そこで考えたのが「一〇〇〇人のサクライザー体操」。一〇〇〇人集めて、「サクライザー体操」をするという極めてシンプル、且つ、無謀な企画。連日、子どもたちの熱中症対策、駐車場対策、トイレの確保などを検討しましたが、「なんかあったらどうする！」と何度云われたことか。なんかってなんだ！　一〇〇〇人集めるという大きなプレッシャーの中で考えに考え抜いた挑戦でした。

そして迎えた二〇一二年八月二六日一〇時〇〇分。24時間テレビチャリティーステージ「一〇〇〇人のサクライザー体操　北口広場を未来の花でうめつくせ！」。ＹＢＳ山梨放送の協力や、「甲州戦記サクライザー」に登場するイタヤマンの躰道(注)教室（正統館）の全面的な協力を得て、子どもたちの楽しい思い出を作ることに成功しました。

今にして思うのは、「一〇〇〇人のサクライザー体操」という謎の呼びかけに対して、よく人が集まってくれたということ。主催者と参加者、いつもながらよく分からないけど、ワクワク感だけは共有できていたと思います。

（注）躰道
空手から派生して一九六五年に生まれた新しい武道。バク転、バク宙のような動きを組み合わせた三次元的な攻防を行う。

二〇一一年一二月三一日、第六二回紅白歌合戦の「マルマルモリモリ」芦田愛菜＆鈴木福が、史上最年少出場を果たした映像を見ました。素晴らしすぎる無敵のかわいらしさ。

改めて、とてつもないものと戦っていたんだなーと思いました。それでも人は、戦わなければならない時があることを身をもって知りました。

二〇一二年一〇月一九日、某保育園にサプライズで、サクライザー参上！

驚いたことに、サプライズにもかかわらず、園児と先生たちは、全員完璧に「サクライザー体操」をマスターしていました。スゴイ！ 皆さんのサクライザーが大好きだという思いが伝わってきて、今までやってきたことが、実を結び始めていると実感しました。

二〇一三年五月二八日。

▽ショーは、娘と一緒に楽しませて頂きました。少し怖がっていた娘ですが、サクライザー体操では舞台前まで駆け寄っていました。次回は礼威子様と写真撮影ができたらと考えてます。△

二〇一三年一一月一六日、千葉県にあるイオンモール富津二〇周年祭特別企画「ユニセフチャリティーご当地ヒーロージョイントアクションショー」に参加。山梨県外で「サクライザー体操」を知らない人たちの前でするのはどうだろうと思っていましたが、いざ始まってみれば、大勢の子どもたちがステージに上がって皆で元気に体操して盛り上がってくれました。まさに、ヒーロー文化の賜物です。

二〇一四年一月二九日。
▽帰宅したら娘が目を輝かせて「今日、サクライザーが保育園に来た！」と話してくれました。娘の話では、サクライザー体操もかなり満喫できたようです。
また握手した時の博士のリアクションもすごく楽しかったようです。
サクライザーの皆様に感謝です。△

愛は火力が命　ブライダル・エンターテイメント

山梨の結婚式でも人気のサクライザー。魔玄一族が現れサクライザーのピンチに、新郎新婦がキスをして、愛の波動でサクライザーが復活するというのが、お約束の一つ。
打ち合わせの時には、新婦に「キスはちょっと……」と拒まれていた新郎が、本番ではショーの熱気に背中を押され新婦を押し倒さんばかりの濃厚なキスを披露してしまうほどです。これが、山梨の家庭円満の秘訣かも知れません。

この日の披露宴での「サクライザーショー」はサプライズだったので、お客さんが来る前から本番直前まで地下室でワインと一緒に、息を殺していました(いかにも山梨らしい)。そんな控え室に、なんとオオムカデが出現（いかにも山梨らしい）。ともぞーが殺さずに外に出してくれたおかげで、誰も刺されずに済みました（ともぞーは殺さずの実践をしており、最近では〝蚊〟ですら殺さずに外へ逃がしています）

この日の新郎は住宅メーカー勤務、新婦は歯科衛生士さんでした。彼女が勤める歯科医院の先生は、新婦から〝結婚式では絶対に何もしないでください‼〟と強く釘を刺されていました（お人柄が想像できます）。「分かった！」と言いつつ、先生は密かにサクライザーに連絡を取りました（笑）。先生の極秘プロジェクトは、ここから始まりました。先生の思いの詰まった披露宴になったことは言うまでもありません。

PaletGarden

「甲州戦記サクライザー」の主題歌「サクラバス」は、ご当地ヒーローファンの間では〝神曲〟とも評されています。ご当地ヒーローの主題歌としては、カッコ良すぎるくらいです。それでいて、この曲を聞くと「サクライザー」がしっかり連想させられます。

しかしこの「サクラバス」は、「甲州戦記サクライザー」のために書き下ろされた楽曲ではありませんでした。この主題歌を歌っているPaletGardenが前身のバンド時代から大切に歌い継いできた、バンドとしても思いのこもった楽曲でした。PaletGardenは、前身のバンド時代、いわゆる〝コンテスト荒らし〟で必ず決勝には行くほどの存在でした。

PaletGardenのボーカル・ともぞーに、サクライザーと関わって、変わったことを聞いてみました。

それまでのバンド活動は、ライブハウスを中心にしていましたが、サクライザーと関わってからは、お祭りやイベントが中心になっていきました。どっちが良いというワケではありませんが、ライブハウスでは〝自分軸〟、つまり自分の表現にこだわっていたのが、イベントでは〝相手軸〟来てくれた人にとにかく喜んでもらいたいと、自然と変化していきました。だから、ともぞーは、イベントのライブでは必ず、「最高の一日をお過ごしください！」と呼び掛けます。客席の子どもが「サクラバス」を口ずさんでいるのを初めて聞いた時の感動を忘れられないそうです。

そんなともぞーが、最近職場で一人の女性に会いました。面識はありませんでしたが、昔からのサクライザーファンで、ライブにも何度も足を運んでくれたそうです。

「武道館を目指すって、云ってましたよね」

コアなファンならご存じですが、前身のバンド時代から、ともぞーは、「武道館を目指す！」とライブでは必ず云っていました。ところが最近は、その言葉がなくなっていました。自分の発した言葉をファンが覚えていた。そのことに、ともぞーは衝撃を受け、〝初心〟

を思い出したそうです。

武道館とは何か。

「ライブハウス武道館へようこそ！」（BOØWY時代の氷室京介の言葉）。ともぞーにとって、この言葉をカッコイイと思ったその日から、武道館まで行っていっちょまえ。それ以上でも以下でもない。


TBSテレビドラマ「カルテット」（二〇一七年二月七日放送）のセリフに「二〇代の夢は男を輝かすが、三〇代の夢は男をくすます」というのがありました。四〇代のともぞーが、どんな夢を見せてくれるのか楽しみです。

PaletGarden、再始動。

再び、日本武道館を目指す！

第5章　ようこそ！　ディープな山梨へ

ここで突然ですが、甲州弁クイズ！

二〇一四年七月一一日、甲府市内での博士とファンの男性の会話。

「博士、明日は都留ですね」

「よく知ってるじゃん」

男性の都留の先輩から「サクライザーが来るっつうから、おまん、こーし」って電話があったそうです。

七月一二日の都留市「地域のたから祭り」（うぐいすホール）の情報は、かなり地域に浸透しているようでした。

この甲州弁の会話のポイントは先輩後輩の人間関係。そして、都留（郡内地方）でも使われていることです。

では、ここでお待ちかねのクイズです。

「おまん、こーし」の訳として正しいのはどれでしょう？

①Ｙｏｕ、来ちゃいな！
②おまんじゅうコーヒー
③性的交渉を持とう！

〝おまん〟の響きに「月曜から夜ふかし」的な興奮を覚える方もいるかもしれませんが。

一九六〇年代の山梨の男の子はみんな、「おまんこの間そうじしたか」を連呼して、代々学校で語り継がれていました。始めに言葉ありきで、そのものがどんなものかも知らないうちから、甲州の男の子は〝おまん〟の洗礼を受けているのです。

「地域のたから祭り」は、
都留市の広報でも紹介された

楽しんでますか！　山梨ライフ

▽サクライザーが東京でショーをしている際に、「山梨県どこにあるか分かるかなー？」東京の隣なんだけど……知ってるよね」みたいな感じで、ちょっと笑っちゃいました。△

そうなんです。山梨観光ＰＲといっても、まず山梨がどこにあるか分かってもらわないと始まりません。山梨県人にとって、東京の隣というのは疑う余地がありませんが、東京で話を聞くと、そうでもないみたいです。

東北地方にあると思われていたりします。

――それって、〝山形県！〟

埼玉や群馬の大人の人に、「山梨は中央線の八王子の先」と説明しても、「山があるでしょ」

と、真顔で云われたことがあります。山梨は、〝山ナシ〟じゃない。トンネルちゅうもんを知らんのか！　と叫びたくなりました。

とてつもなく、遠くと思われている山梨ですが、安心してください。東京・新宿駅から、たった一時間半の〝秘境〟ですから。ただし、特急でですが。

二〇一七年一月八日、「甲府市消防出初式」で会った山梨に越してきて三年目のご家族は、「サクライザー新聞」を、山梨県立図書館で手に入れているそうです。また、ヴァンフォーレ甲府のサポーターとして。山梨ライフを満喫しています。

ちなみにそのお父さんの職場は東京で、毎日二時間半かけて通っています。そこまでしてなぜ甲府に移住したのかというと、子どものアレルギーがきっかけでした。空気のきれいな所で子育てをしたい。そんな思いから通勤圏で一番遠い所を探したそうです。家族の健康を守る素敵な決断だったと思います。

そんなお父さんの悩みは、子どもがヴァンフォーレ甲府を好きでないことだといいます。理由を聞いてみたところ、

「だって、勝てないんだもん」

ウガチャチャ。答えに窮してしまいました。


〝結果以上に大切なものがある〟

これは以前にヴァンフォーレ甲府のスタッフとの会話の中で印象に残った言葉です。地方のクラブチームには、結果以上に大切なものがあります。サポーターとの強い絆、地元への思い、そんな強い地域との結びつきこそが宝であり、それは数字で計れないものです。


二〇〇〇年一二月二六日、ヴァンフォーレ甲府は約四億円の累積赤字があることを公表、存続の危機に立たされていました。山梨県に追加支援をお願いしたところ、当時の大野知

VF甲府 天皇杯優勝
山梨日日新聞
10月16日
日曜日
初の主要タイト
サッカー号外

Ｊ２・18位のチームが軌跡を生んだ

ヴァンフォーレ甲府は優勝をサポーターとともに喜んだ

事が「株主や県民の声を聞きながら決めたい」と回答したのを受けて真っ先に動いたのがサポーターたちでした。

熱心なサポーターたちがチームの存続をかけて集めた署名の甲斐あって、二〇二二年の「天皇杯」で優勝するまでのチームになりました。そんな地域に根づいた熱い思いこそ、数々の危機を乗り越えてきた底力と言えるでしょう。地方のクラブチームは、奥が深いのです。

二〇二二年「天皇杯」決勝戦の日産スタジアムのヴァンフォーレ甲府ゴール裏には、ツアーバスで博士も乗り込みました。晴れがましいサポーターの表情が忘れられません。

帰りのバスの中で見たのは、JR甲府駅南口の天皇杯優勝の「号外」に殺到する群衆の動画でした。ヴァンフォーレ甲府のスタッフも、何が起きているのか、信じられないという表情でした。ちなみに、JR甲府駅南口は、二二年前にヴァンフォーレ甲府存続署名活動が行われた場所でした。まさに、地方のクラブチームの奥の深さです。

二〇一五年六月一二日にオープンした南アルプス市の「南アルプス完熟農園」は、半年後の二〇一六年一月二五日に営業を停止し、事実上経営破綻しました。ほぼ同時期に、ほぼ同規模の施設が身延町にオープンしていますが、そこは現在も業績を伸ばしています。この差は何か？

身延町の施設は、子ども用のランチに〝フレンチ〟を出していました。子どもが、人生で初めて食べるフレンチとの出会いにこだわっていたのです。そんな志の違いも南アルプス市の施設との差を産んだ理由の一つと言えるでしょう。子どもの時に食べた味を記憶するので、食べ物の思い出作りは、食育の上から大事な取り組みです。

食べ物の記憶と言えば、ヴァンフォーレ甲府の天皇杯優勝をきっかけにたぶんつくられるであろう全世代型〝幸福〟施設「総合球技場」。ヴァンフォーレ甲府も教育という役割もあるので、スポーツにふさわしい健康的なものが食べられること（食育）も意識していただければありがたいです。あと、富士山の見える観覧車もあると嬉しい。デート・スポットつくるべし（笑）。

山梨を楽しむといえば、〝鳥もつ〟の正しい楽しみ方をご存知ですか？　そば屋でそばが出てくるまでの間、〝鳥もつ〟を肴に、日本酒をチビチビやることです。

山梨には、鳥もつ煮以外にも、定番の豚もつ煮、桜もつ煮（馬）、牡丹もつ煮（猪）などの〝もつ文化〟があります。豚もつ煮の山梨以外のものとの決定的な違いは、汁っけが少ないこと。居酒屋はもちろん、ほとんどの食堂で一品料理や定食があります。ラーメン屋にも、五軒に四軒はあるといわれています。

観光PRになぜ女優を呼びたがるのか？

二〇一一年三月四日。

▽全国の地方自治体では、ゆるキャラの次にご当地ヒーロー開発に、力とお金を掛けていますね。真のヒーローになれるのか⁉　がんばれサクライザー！△

これは前述した日本テレビ系「ズームイン！」を見てのツイートだと思われますが、サクライザーを行政がやっていると勘違いしていますね。実際のところ行政が、ゆるキャラの次にご当地ヒーローをという流れは、あまり聞いたことがありません。

北九州市のヒーロー　キタキュウマン。

「地域活性化とかって今結構いろいろなところで謳われていて、頑張ってる自治体とかもあるんですけど、やっぱりおじさんたちが主導なんで、センスないところが多いんですよ。ＰＲするって言いながらお金かけるところ間違ってたり…。そんなに話題にもならないのに、なんでそんなところにお金かけちゃうのって。そういう場所にヒーローを作りたいですね。ゆるキャラはもう今どこの自治体でも飽和状態で、作るのにウン百万とか掛かったりするんです。それだったらヒーロースーツ何体も作れますよ。それに、彼らは作って終わりなんですよね。隣の町がやっているから、とか、くまモン人気だからやっとくか、みたいな感じで。せっかく作ってもそれを生かす方法を知らないから、もったいないって」

「ゆるキャラって基本こう、両腕をバタバタさせるだけじゃないですか。一方ヒーローは腕も手も指も自由に使えるんで、そこが結構大きいんですよ。商品とか名産のＰＲも自分でできるし、運搬もかさばらないから楽で、使いやすいんですよね。大金を使って生かせないゆるキャラを作るくらいなら、そこにヒーローを投入したいなっておもいます」（「外語マガジン　sakuya」より）

また、千葉のローカルヒーロー関係者は、

「コスプレも市民権を得ているが、その延長なのだろうか？」という問いに対して、

「それは違います。コスプレ好きの人は、作品への愛や『作った衣装や着ている姿を見てもらいたい！』という欲求が強い人が多いと思うのですが、ローカルヒーローになる人は『誰かの役に立ちたい』、『地元を応援したい』、そして『子供たちを笑顔にしたい！』、そんな献身的な思いで活動している人がほとんど。もちろん、商業目的の部分もあるかもしれませんが、根っこの部分は同じです」と言っている。

二〇一三年「富士の国やまなし国文祭」が、山梨県で開催されました。

「国民文化祭」とは、毎年都道府県が持ち回りで開催している、国民のための文化の祭典です。

「富士の国やまなし国文祭」での企画を募集していたので、「ご当地ヒーローショー」の提案を行ないましたが、却下されてしまいました。もし、あの時採用されていたら、今頃は、山梨県内各地の温泉旅館を借り切ってのヒーローイベント、富士の裾野に日本中のご当地ヒーローが大集合するような流れになっていたと思います。そんなレガシーを残せたはずなのに、力及ばずで、残念でした。

一方、「ご当地ヒーローショー」を却下した山梨県は何をしていたかというと――

「YKB303」

観光地や自治体が「ミス○○」とか「○○小町」みたいな名称で、地元出身の女性をキャンペーンガールにするのは昔からよくあります。そういう「ミスコン」的なものは、今では、ジェンダーの視点から批判対象になりつつありますが――

「YKB303」は、平成二五年一月一二日〜一一月一〇日までの三〇三日間、国文祭限定で活動したアイドルです。上は〝還暦〟から下は〝三歳〟。立ち上げから自治体が関わった、年齢制限なしの山梨ご当地アイドルグループ。

▽ライバルはAKB。平均年齢一八歳の元気いっぱいYKB303デビュー。△

産経ニュース

〝平均年齢〟とは、本質を隠す重宝な言葉ですね。

ＹＫＢ３０３は、国民文化祭の観光客の〝おもてなし〟を謳っていた。三歳の子がどんなおもてなしをするのか、想像できないのですが、多様性の時代ですから、山梨県ならではの考えがあってのこと……かな。国文祭アイドル三四人の幸せを祈らずにはいられません。それが、レガシー。

「国民文化祭・あきた二〇一四」のにかほ市事業に、「ご当地ヒーロー文化祭」がありました。伝承芸能がモチーフの衣装や小道具、純邦楽をレゲエのリズムに合わせてアレンジした音楽を使い、「ご当地ヒーロー」の起源をたどるというもの。イイね〜。伝統と現代のコラボから新しいものを生み出す的なものを、山梨の国民文化祭でもやりたかった。秋田の国民文化祭が先だったら、山梨の国民文化祭でも、ご当地ヒーローが日の目を見たかも知れません。

ちなみに、山梨では、国民文化祭の真っ最中に、「キティちゃん神社事件」が起きてました。

第6章　本日も、サクライザーなり！

山梨のごくありふれた日常

二〇一三年八月二五日、「サクライザーショー」のたびに、静岡から三時間かけて来てくれる母子の姿がありました。静岡では、サクライザーの放送はされていないにもかかわらずです。そして、一〇年が経ち、今やその子も、山梨の大学で学ぶようになりました。不思議なご縁です。

二〇一四年四月八日。
▽今日、娘が保育園から「サクライザー新聞」をもらってきました。笑顔写真館に自分が載っているので、保育園で自慢してきたそうです。でも、息子の方が一枚多く載っていたので、ちょっとスネていました。△

そう、幼稚園や保育園、学校からも、「サクライザー新聞」は、配られていました。「サクライザー新聞」の「笑顔写真館」のコーナーのキラッキラの笑顔は、「サクライザー新聞」の自慢でした。

役場から、甲府市をはじめ、甲斐市・南アルプス市・韮崎市・北杜市・山梨市内の保育園で配られていました。甲斐市役所には、「サクライザー新聞」専用カートもありました。

二〇一四年六月二六日。
▽小五の英語の授業。「外国人の先生に山梨の有名なものを教えてあげましょう」の問いに対して、一班「ブドウ」二班「桃」三班「ほうとう」四班「サクライザー!」…と△

二〇一四年一一月九日、「信にゃん公祭り」の時、「サクライザーを撮るために、一眼レフカメラ買いました」というご家族がいらっしゃいました。

二〇一四年一二月二二日。
▽今日は冬至!　今夜は、先日買った「サクライザーほうとう」に〝かぼちゃ〟を入れ

たよ！　横内製麺の「サクライザーほうとう」は、小麦粉が違う！　だから、湯盛りにしても美味しい。噛むほどに味が出る△

二〇一五年一月一日、甲斐市ドラゴンパークで開催された初日の出イベントにサクライザーが登場。「甲州弁ラジオ体操」の後、今年最初の撮影会が始まると、子どもたちより、お母さんの方が熱が入るという、いつもの光景（笑）男の子は照れて、お母さんだけサクライザー&博士と写真に納まっていました(笑)。楽しい笑顔は、大人も子どもも共通です。

二〇一五年四月二七日、ラザウォーク甲斐双葉店のａｕショップにてサクライザーが一日店長を務めた時のこと。

「家族で写真を撮る場合、お父さんには、サクライザーのポーズをやってもらうことになっています」。サクライザーと家族で写真を撮る時にそう振ると、どのお父さんも嬉しそうに、自信満々にポーズを決めていました。

二〇一五年五月一四日。

▽家庭訪問終了しました。サクライザーの話をしたら、先生は、サクライザーTシャツを持っているとの事。甲府市朝日町のイベントで、奥様が買ってきてくれたらしいのです。すごーい△

「サクライザーTシャツ」は、一般的に市販されていないので、大月市の小学校の先生の奥さんが、ご主人のためにたまたま朝日（あさひ）町のイベントに出店していた博士から買っていたという話がまわりまわって博士に届くという、偶然が重なった凄い話。

二〇一五年六月一三日、博士が、大月市内の小学校の「授業参観」に出席。山梨では、サクライザーファンのお友達の授業参観に博士が出向きます。白衣姿で、保護者に混ざっています。もちろん、学校の許可を得ていますが、「なんで博士がいるの？」と校内をざわつかせてしまいました。サクライザーとファンと学校の距離感を感じさせるエピソードです。

二〇一五年八月二八日、山梨の小学校では、夏休みの宿題に、「サクライザーの観察日

記」を出すお友達がいます。でも、〝観察〟って……この夏、サクライザーは大きくなったかなぁ～（笑）

たまに、身体のサイズが大きくなったり……いやいや、気のせいです（笑）

二〇一五年一〇月三一日。
▽今日は娘の土曜学級でお弁当を持って行く日……
いつものサクライザーの桜牙のおにぎり。そして、初めて作った礼威子様おにぎり！ 礼威子様に見えるかなぁ？ パーツが難しかった△

二〇一五年一二月一五日。
▽今年の年賀状は、サクライザーと博士と撮らせて頂いた写真を使います△

秋が終わりかける頃、サクライザーショーの後の撮影会には、来年の年賀状用の干支などのアイテムを持参する人の姿が増えます。

二〇一六年四月二日、「世界自閉症啓発デー」のイベントでのこと。徒歩で移動中、サクライザーを見て山梨県外から来ていた男の子が、

「『てれびくん』で見た!!!」と大きな声で云いました。『てれびくん』とは、小学館が発行する月刊ヒーロー雑誌で『てれびくん』に「甲州戦記サクライザー」が掲載されたのは、二〇一二年六月号。四年も前です。それを覚えているなんて、さすが男子!

二〇一六年四月一八日。

▽今、子どもたちの写真をアルバムに貼っているんだけど、平均四ページに一ページの割合でサクライザーとの写真!! パパとの写真より、サクライザーや博士との写真が多かった△

二〇一六年四月二六日。

▽家庭訪問でたいがいの先生がビックリされる。玄関開けたら、サクライザー(のポスター)△

▽家庭訪問、毎年、サクライザーの話から入ります。
「お好きなんですか?」

「ええまあ、家族全員が………」△

二〇一六年六月一一日。
▽今日の小瀬。ヴァンフォーレ甲府。ゲーム終了後、メイン入り口辺りで、不惑の親父ドモが、サクライザーの博士を見つけてハイタッチ。それ程、勝って嬉しいものなんですよ△

二〇一六年八月二日「けえーたら、博士と、カブトムシ、とりー、いかだー!!」

サクライザー新聞の夏休み恒例企画「博士とカブトムシを捕まえに行こう!」。子どもたちと夜の森でカブトムシを探していると、

「博士、早く樹液出して!」と。

博士に、よくカブトムシがたかるのを見ていた子どもたちは、博士が樹液を出せると信

じて疑いませんでした。

二〇一六年一〇月三日。
▽農林高校から京都造形大に進み、去年より京都で庭師として働く娘に頼まれ、毎月イオンタウン山梨中央店で「サクライザー新聞」をｇｅｔして京都に送っています。娘はサクライザーの大ファンなんです。△

二〇一六年一一月六日、笛吹(ふえふき)市一宮(いちのみや)町浅間(せんげん)神社。七五三詣。インフルエンザ予防接種を済ませてから会いに来てくれた女の子がいました。〝サクライザーに会いたいから注射で泣かない！〟と頑張ったご褒美にお母さんが連れて来てくれたそうです。サクライザーは、頑張る女の子を応援します。

二〇一六年一一月六日、「ホントは仕事中に、こんなことしてちゃイケないけど」。
同じく浅間神社の七五三詣でのこと。営業用のバイクが近づくなり、サクライザー＆博士と写真に納まっていきました。他の営業がサクライザーを発見し、直ちにお知らせメールが回ったようです。サクライザーは、働く男性も応援します。

二〇一六年一二月二九日、餅菓子処こばやし製菓（山梨市）で鏡餅を頼むと、山梨の縁起物「サクライザー新聞新年号」が付いてきます。

二〇一七年一月一日、お正月の「サクライザーショー」には、今年もサクライザーに会えることを楽しみに帰省された方々の姿がありました。博士も京都から来てくれたご主人と、京都競馬場の芝の話ができて楽しかったです。

二〇一七年三月二八日、山梨市の、とある保育園の卒園アルバム。〝やっぱり、サクライザーだよね〟と保護者の意見が一致し、サクライザーや博士が写っている写真がデ〜〜ンと載っています。まさに、地域に根差したご当地ヒーロー。子どもたちの思い出とともに生きられるのは、無上の喜び。ありがとうございます。

二〇一七年四月三日、今日も「サクライザー新聞」のお届けに。ある会社では、「甲州戦記サクライザー」を録画しているため、自宅はもちろん、会社で、いつ、お客さんが見たいと云っても、直ぐに対応できるそうです。

二〇一七年四月二七日。
▽今日は、小学校の家庭訪問。取り寄せてもらった「サクライザー　プチカステラ」を出す。若い先生だったが、サクライザーを知っていた。学校に、サクライザーが関わってくれると良いな！　と先生が云ってくれましたので、交通安全教室やお金の流れ教室もやってますよ、と云っておいた。△

山梨の家庭訪問は、いかにサクライザーを工夫を凝らしてアピールするか、お母さん方の勝負の場となっていました。ありがたいことです。

二〇一七年五月二〇日。
▽サクライザーが東京でショーをやるというので、そんな時こそ応援に行かなきゃ！と山梨から行ってきました。たくさんのお客さんが見てくれて良かったです。しおりお姉さ

んにも、「心強かったです」と云われたので行ってホントに良かったです！△

二〇一七年五月三〇日。

▽毎週日曜一一時四五分～は、山梨の家族にとって、大切な時間。家族そろって、「甲州戦記サクライザー」を観ています。小学四年のお姉ちゃんは、仮面ライダーは観ないが、サクライザーは一緒に観てくれています。一年生の弟は、番組が一五分なのが不満。字幕が出ても、もしかしたら、まだ続きがあるかもと思って、見続けています。△

「サクライザー」を、家族そろって観ることが、家族の思い出になっていきます。

二〇一七年六月五日。

▽次男の使っていたポータブルＤＶＤが壊れ気味になった。次男は、叩いて直そうとする。なぜか。「サクライザーの山本博士が宇宙船だって叩いて直してるって言ってたから！博士は、正しいんだから！」と言っていますが、ＤＶＤはいまだに直りません。△

宇宙船を叩いて直す――――「甲州戦記サクライザー」シーズン7に登場するエピソードです。博士が学生時代に聞いた、宇宙では機器が故障したとき、マニュアルを探すよりまず叩いてみるという話がベースになっています。

映画「アルマゲドン」で、ロシアではこう直すのさ！　と機械を叩いて直していたことに、JAXA宇宙飛行士・油井亀美也さんは、「映画内の冗談と捉えた方が良いでしょうね」と云っています。同感です。あれはやり過ぎです。

二〇一七年六月八日、「サクライザー新聞」を届けに行くと、「最近、変身の時に、桜井ケータの腕が上がっちゃいん！！！」と云われてしまいました。そこに気付くなんて、山梨県民のヒーローを見る目は厳しい。目が肥えている。これは、誇るべきことです。

二〇一七年一一月一一日、浅間神社の七五三詣。着飾った娘さんに、サクライザーと自分のツーショット写真ばかり撮らせるお父さん。えっ、娘さんの写真は撮らなくていいんですか？　家に帰ってから、奥さんに、「あんたばかり……」って怒られないか心配です。

二〇一九年一〇月二日。
▽運動会の綱引きで勝てたのは、いつもサクライザーショーで、鍛えてるからかな。△
二〇一九年一一月四日、甲斐一宮浅間神社の七五三。
女の子の選んだ着物の柄は、「サクラ」。「サクライザー」にちなんだそうです。
二〇二〇年五月五日。
▽「サクライザー新聞」は、読む用、塗る用、保管用で、一家に三部が山梨の常識。△
この〝塗る用〟がミソ。「サクライザー新聞」は、塗ると元気が出るという〝塗り絵〟が大人気。絵の上手さもさることながら、登場人物の個性を的確につかんでいると評判でした。

二〇二〇年一二月一日。

▽二〇一一年に山梨県外から引っ越してきて、山梨に馴染もうと、ずーっとYBSを観ていていたら、サクライザーに出会ったんです。今でも、ずっと好きでいられるのは、チーム・サクライザーのみなさんの人柄に魅かれているからです。△

▽当時、車の運転に自信がなかったので、車で二〇分くらいの距離を、バス、電車を使って一時間以上かけて出かけて、電車の時間によりバタバタ帰ってきた思い出△

山梨県外から引っ越してきた方が、テレビの「甲州戦記サクライザー」を観ながら、山梨を勉強していたという話はよく聞きました。

この方は、ご主人から車の運転は危ないからと止められていましたが、車でないと山梨各地のサクライザーを追いかけられないと………ペーパードライバーを克服したと記憶しています。

茂木健一郎氏曰く、

「世間で流行っていることや、メジャーなことを追っている人は帰属を確認できて安心かもしれないが、魂は鍛えられない。むしろ、マイナーなこと、多くの人が関心を持たないことを追い求める人の方が、人間として成長する。」

第7章　生命の価値を決めるのは、自分以外の誰でもない

大切なことはファンから学んだ！

「サクライザー新聞☆朝の会」が行われていた小さなパン屋さん「ドレミぱん」は、「サクライザー新聞」の手配り会場から、徒歩で一〇分くらいにありました。当時から、お店の〝どれみさん〟とお客さんから呼ばれている女性店員が「あんこ注入の時間」などTwitterでのユニークな発信が話題になっていました。

山梨県外からも買いにくるこの店の名物に、「さばサンド」がありました。海のない山梨なのに鯖が名物とはこれいかに。トルコのイスタンブールの屋台から着想を得て商品開発をし、カルト的な人気に火が付きました。。やがて、この人気を地域でも放っておけなくなり、二〇一六年一月

さばサンド

九日、甲府銀座通りの甲府まちなかマンガ・アニメミュージアムで、「ミソニノミコト×ドレミぱん×サクライザーの博士」というさばサンド販売会が開かれるまでになりました（三〇分で完売。博士は、紙芝居「SABA WAYS」を披露）。

「メリークリスマス！」

二〇一三年一二月二五日、ドレミぱんに、初めて訪れたとき、博士は真っ赤なサンタクロース姿でした。その当時、毎年師走になると博士は、サンタクロース姿で、そのことを誰にも疑問に思われていませんでした。その格好で朝っぱらから甲府駅前で「サクライザー新聞」を手配りしたり、テレビでイベント告知をしたり、アマノパークス（スーパー）で「サクライザーほうとう」の販売ボランティア等をしていました。

そんなきっかけで、毎月「サクライザー新聞」の朝の手配りに合わせて、「サクライザー新聞☆朝の会」というオフ会のようなものが自然発生的に行われてました。こういう機会を通して、世の中のお母さん方から、子育てや教育など多くの事を学ばせていただきました。いいな、人生観が変わりました。

「サクライザー新聞☆朝の会」に来てくれるお母さんから聞きました。

「胎児にはへその緒が絡まって、瀕死の状態で生まれました。救命処置をした赤ちゃんは管だらけで、初めて見た我が子の姿に半狂乱になりました」

お母さんの心理状態を察した病院は、すぐに家族へ連絡をしたそうです。

「お母さんは、どうして丈夫な身体に産んであげられなかったのかと、泣いて、泣いて、泣いて、涙が枯れるまで泣き、涙が枯れると、〝この子を守れるのは、私だけ。私がこの子を守る！〟と覚悟が決まりました」

そこからが戦いだったようです。

具体的な出来事を聞き、お母さんの覚悟に心が震えました。それまでは、博士は無理して生きながらえたとしても、障がいが残ったり、学校に就いていけなかったりして、必ずしも子どもの幸せにはつながらないのではないかと勝手に思っていました。でも、「サクライザー新聞☆朝の会」に来てくれた、小学三年生に成長したその子を見た時、博士の考えは浅はかだったと思いました。たくさんの愛情を受けて育ったのが見てとれるほど、髪の長い素敵な女の子になっていた、その事実が全てでした。先日再会した女の子は、お母さん曰く〝思春期真っ盛り〟でした。

どんな状況であれ、目の前の生命を救うことは、正しいことであり、勝手に生きていても幸せになれないなどと可能性をおもんぱかってはいけないのです。

そこから、博士のスタンスが固まりました。子育ての責任が母親に大きくのしかかっている実情。誰に褒められるワケでもなく、人知れず苦悩と戦い踏ん張っているにもかかわらず、「お前の育て方が悪い！」と身内からも厳しい言葉を投げかけられる世のお母さんを応援しようと。〝いざ〟という時のお母さんは何ものにも負けない強さを持っており、生命を育み、未来をつくる女性が持つ可能性は計り知れません。ファンの皆さんとの出会いから学んだ生命の大切さが、その後の世界自閉症啓発デーや心臓移植募金活動などへとつながって行きました。

世界自閉症啓発デー

「自閉症」は、その言葉の響きからして誤解されがちです。「自分の殻に閉じこもっている状態」「親の育て方が冷たかったのが原因」だと思っている方もいますが、これは正しくありません。自閉症をはじめとする発達障害は、生まれつきみられる脳の働き方の違いによって、幼児のうちから行動面や情緒面に特徴のある状態です。そのため、親御さんが育児の悩みを抱えたり、子どもが生きづらさを感じたりすることがあります。

また、子どもの自閉症を隠して、認めない親御さんもいます。自閉症だと診断されたことで、「未来が閉ざされてしまった」「怖い宣告をされた」と感じる方もいるでしょう。でも、心配はいりません。そもそも診断は、「未来」のためにあるものです。自分の状態を認識することで、初めて対処できるようになります。不安が和らぎます。適切な対処法がわかります。焦らなくても大丈夫です。発達障害は持ち味で、その人の気質ですから。その子の気質に応じて、どういうふうに教えていこうかと工夫することが大事です。早期発見、適切なトレーニング、好きなことを楽しく続けることが大事です。先が読めない「未来」にばかり目を向けると不安になりますが、「今」に目を向けると、いろいろな知恵が湧いてきます。

参考になる資料としてハリウッド映画初、自閉症のヒーローが主人公の「パワーレンジャー」があります。(日本の戦隊ヒーローをハリウッドでリメイク)

「現代のティーンエイジャーが抱える問題」のうち、自閉症スペクトラムやLGBTのキャラクターを登場させています。

また、映画「ぼくと魔法の言葉たち」では、二歳で自閉症と診断され言葉を失った少年を変えたのは、家族の愛と大好きなディズニー・キャラクターたちでした。誰もが心温かくなれるハートフルなドキュメンタリー映画です。

毎年四月二日は、国連が定める「世界自閉症啓発デー」です。

自閉症をはじめとする発達障害についての啓発活動が行われます。自閉症をはじめとする発達障害を知ることは、誰もが幸せに暮らすことができる社会の実現につながります。

「甲州戦記サクライザー」も二〇一五年から、この活動に参加しています。

二〇一五年四月二日、甲府駅で開催された「世界自閉症啓発デー」のイベント。サクライザー&博士は、二回のステージで各一五分、自閉症について訴えさせて頂きました。

自閉症の家族や専門家を前にしてのパフォーマンス。渾身の共感力が問われます。自閉症に関する本や資料を時間の許す限り読み込み、実際に自閉症のご家族から話を聞き、学校の先生に教育現場での対応を聞き、山梨県の担当者にも聞いて、生命に落とし込みました。本気で伝えたいとき、原稿を読んだのでは、人の心は動かせません。だから、すべて頭に叩き込み、本番では原稿は一切読まず、生命からの叫びにも似た思いに最新の知見を乗せます。人間の生命に宿る希望を信じるからこそ!

イベント終了後、「博士の方が詳しかったですね」と県の担当者が云ってくれました。ご当地ヒーローが、自閉症を熱く語るのは、行政からすれば、想定外の出来事だったと思います。そもそも、当事者や専門家を前に自閉症について熱く語るなどという身の程知らずがいるわけがなかったのです。「分かったような事云いやがって、おまんに何が分かる!」と云われても当然でした。それは分かっています。分かっていたけど、それでも、伝えなければならないと思いました。私たちには自閉症の友達もたくさんいるので、他人事ではなかったのです。

一回目のステージが終わると、後ろの方でじっと聞いていたご婦人の方が博士のもとに、自閉症の相談に来てくれました。もちろん、博士は専門家でもないので、自分の限界も分かっており、力不足を感じていましたが、博士のトークを認めてもらえたんだと思えて、うれしかった。博士に出来ることは何か。自閉症の専門家でなくても、話を聞くことができる。同苦することは出来る。励ますことは出来る。それが、博士の役割だと思いました。

孤立している人は、自分一人で何とかしようとして、事態を余計に悪い方向に向かわせがちです。一方で、心配してくれる誰かとつながっている人は、時間の流れの中で、事態を好転させることができます。

そのご婦人は、息子さんの件で悩んでいました。自閉症の本もたくさん読んでいました。それでも、行政も信じられず、誰にも相談できず、一人で抱えていました。博士の話を聞き、初めて人に相談する気になったという彼女にとって、この一歩はとても大きな一歩でした。この一歩のために、このイベントに、サクライザー&博士の参加した意味がありました。

二〇一六年四月二日、「世界自閉症啓発デー」の会場である甲府駅から山梨県庁までは、徒歩での移動しました。すると、バスの中の乗客からも、タクシーの運転手も手を振ってくれます。山交のスターバックスの中からも、みんな手を振ってうれしそう。奥まったラーメン屋からも、「おっ、サクライザー!!」とオヤジのしわがれた声が聞こえてきました。甲府の町は、ヒーローに温かい。

フェイスブックに書かれた、その日の「世界自閉症啓発デー」参加者の感想がまた、うれしいものでした。

▽博士の話に泣いてしまった。近くにいた高校生も泣いていた。誰でもいい、誰かが大丈夫だって言ってくれたら、大丈夫。一人で何かを抱えている人がいたら、どうぞ、どうか人を頼ってください。△

二〇一七年三月八日、四月二日の「世界自閉症啓発デー」の打ち合わせに、山梨県庁へ。

「やっと、本物の博士に会えて……」。自閉症の家族会のお母さんが、涙ぐまれました。家族に自閉症を抱えるお母さんの気持ちを代弁した、昨年の博士のトークを励みにしていて、どうしようもなくつらい時に、スマホで撮影したその動画を見ているといいます。

打ち合わせにはまだ時間があったので、昨年の博士のトーク動画を見て、みんなで感極まってしまいました。こうやって、何度も、何度も、何度も、見ていてくれたんだと思うと、胸が熱くなりました。たった一人でも良い。つらくて苦しい誰かの心の支えになれたのなら、サクライザーをやっていて良かったと思う瞬間です。

自閉症を抱えている家族は、あまり表に出たがらないことが多いです。「世界自閉症啓発デー」のイベントにも来られない方が多いのですが、一昨年のサクライザーと博士のパフォーマンスを見た家族会の方が感動して、翌年も「博士の話が良い」からと誘い合わせて来てくれたといいます。今年も声をかけていただけて、ただただ感謝です。

「世界自閉症啓発デー」で博士が紹介した自閉症のお子さんが、少年漫画誌の賞に輝いたのに続き、先日、誌面に作家デビューを果たしました。お母さんは、すごく喜んでいました。息子さんの努力もさることながら、お母さんの勝利です。

「世界自閉症啓発デー」の活動の話を姉にしたところ、

「あんたも、他人事じゃないからね。覚えてる？」

と云われました。そして、思い出したことがあります。

博士は手の付けられないような癇癪（かんしゃく）を起こす子どもでした。たしか年長さんだった頃、博士の前途を悲観した母が思い詰め、博士もろともＪＲ身延線に飛び込もうとしていました。無理心中ってやつです。寒い寒い日にＪＲ身延線の線路の辺りを、何度も何度も、行ったり来たりしていました。しかし幸か不幸か、ＪＲ身延線は本数が少なく、なかなか来ない列車のお陰で、その日は思い止まってくれたようです。

家族にもサジを投げられていた博士でしたが、近所のおばさんだけが、「この子は将来大物になるから！」と励ましてくれました。血気盛んな母は、そんな近所のおばさんに、感謝するどころか、「あんたに、何が分かるの！！！！！！」と、食って掛かっていました。

最も身近な肉親ですらサジを投げていたのに、赤の他人のおばさんだけが、必死に励ましてくれました。そのお陰で、博士は、身延線で〝肉片〟にならずに済んだのです。おばさんは、もちろん、教育や育児の専門家ではありません。普通の近所のおばさんです。でも、その言葉に救われたのです。いろいろありましたが、今、振り返ると、生きてて良かったと思います。

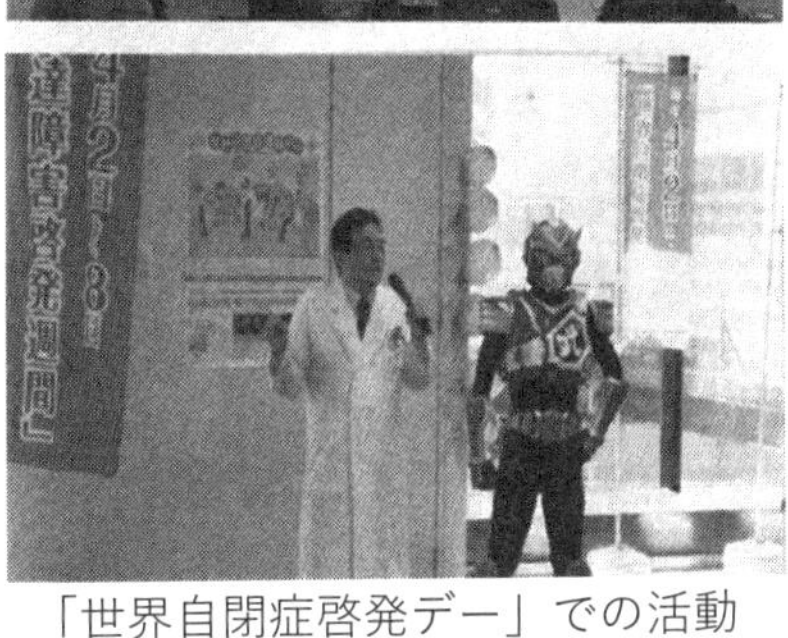

「世界自閉症啓発デー」での活動

だから、今度は博士の番です。サクライザーの活動を通して、誰かの生命を救えるかもしれない。家族の中で煮詰まってしまっても、周りの誰かの言葉で救えるかもしれない。困っている時は、声を出して良いんだよ。人の手を借りて良いんだよ。一人で抱え込まないで。助けられた生命だから、誰かを助けたいのです。

この地球（ほし）を青い優しい光で包み込め!!

ライトアップ・ブルー。自閉症への理解を広めようと「世界自閉症啓発デー」に合わせ、世界各地のランドマークや名所がシンボルカラーの青色にライトアップされます。

二〇一六年三月二八日、「サクライザー新聞☆朝の会」でも、「世界自閉症啓発デー」の青のライトアップが話題になっていました。この年、山梨県庁の整備が終わり、ライトアップの設備も整って、否が応にもライトアップ・ブルーへの期待が高まりました。

「大丈夫ですよ。点灯式前だから、啓発デーのライトアップに使わせないなんて、子どもじゃあるまいし。県庁だって鎖国しているワケじゃないんだから、きっとやってくれますよ」という声もありましたが、点灯式前を理由に、山梨県庁は青のライトアップを行わないことになりました。

なんだそれは！　と博士は感情的になっていました。山梨県庁に忍び込んで、勝手に電源を入れライトアップ・ブルーをやろうと計画してしまうほど。

それを知ったチーム・サクライザーのメンバーから、

「それは、博士のやることではないんじゃない！」と云われ、

〝博士のやること？〟

そうか！　行政がやってくれないなら、自分でやろう‼　そもそも、行政に頼ろうという発想自体が、サクライザーぽくない。なんでも、自分たちでやってみる！　これこそチーム・サクライザーの根底に流れている精神です。

……というワケで、日本各地で行われているライトアップ・ブルーを山梨では、サクライザーの博士宅でやることにしました。


だが、直ぐに、博士は行き詰まってしまいます。

光量が足りない！

「感動は、光量に比例する」。これは、ＴＭネットワークの小室哲哉から学んだこと。クリスマスに使うようなイルミネーション程度の光では、とうてい私たちの思いを表現することはできなかった。

そんな時、「(チーム・サクライザーの）代表に相談したら？」と助言されたのです。

正直、気が重かった。「なにやってるんですか！」って云われるのがオチだと思っていましたし、云われて、落ち込む自分も、逆上する自分も嫌でした。

この社会が自閉症の人たちを見捨ててはいないというメッセージを届けたい。「自分は一人じゃない」そう思えるから生きる力になるんです。諦めるんじゃなくて、行政ができないのなら、代わって自分たちの思いでライトアップ・ブルーをやりたい。その思いをぶつけたところ、

「分かった。(ライトアップ・ブルーの）前日までになんとかする」

えっ！　まじ!?　半信半疑でしたが、代表がライトアップ・ブルー前日、車にたくさんの照明機材を積んで現れました。

「どうしたですか？　おっおっお金は……」

代表が、舞台美術の会社と掛け合ってくれていました。

「何に使うで?」

「博士が、行政とモメちゃって……」
(注)博士は、行政とは揉めていません(笑)。情報提供など、お世話になっています。
「世界自閉症啓発デー」の事情を話すと、舞台美術の会社の社長は、「分かった。好きなだけ持って行け!」と云ってくれたそうです。

それで、〝好きなだけ〟プロ仕様の照明機材を、これでもかというくらい持ってきてくれ、代表は、黙々と照明のセッティングもやってくれました。代表は、人間も動物も関係なく、生命に敏感なところがあることを思い出しました。ここには、熱い人たちがいる。「青い、青い、青いぞ……」その青い光を見たら、泣けてきました。

二〇一六年四月二日、Twitterには、世界各地のライトアップ・ブルーの画像が流れてきました。日が暮れ、日本からも、東京タワーや通天閣、姫路城などのランドマークのライトアップ・ブルーの画像に混じって、博士の謎の青い自宅画像(魂のランドマーク)も登場しました。山梨のライトアップ・ブルーは、郡内地方では富士急ハイランド、そして、国中地方では博士宅。わざわざライトアップ・ブルーに染まる博士宅を探して来てくれた方もいらっしゃいました。こんなことなら、〝おでん〟でも煮とけば良かった。心配していたブレーカーは無事でした。

この光は、ささやかかも知れません。でも、世界中のどこにも負けない光です。なぜなら、山梨に生きる多くの人々の思いが託されているからです。まさに、山梨の〝生命を守る〟ライトアップ・ブルーなのです。

▽個人vs行政の意地の張り合い。これをきっかけに、ライトアップ・ブルーに参加する個人宅が増えると良いですね。△

▽幸住条例や自殺予防にもつながるお話で良かったです！「難しいことは分からなくてもとりあえずは認めあったり励ましあえる関係が作っていければいいのかな？」と若い世代に伝わったのではないかと。完全な理解は難しくとも受容が出来れば第一歩成功。△

生命をつなげ

いつも募金活動に、ご協力ありがとうございます。

「24時間テレビ」は、ほぼ毎年参加させて頂きました。この他に、
二〇一一年三月一九日、「東北地方太平洋沖地震義援金募金」(長坂コミュニティーステーション・きららシティ)。

二〇一三年一〇月一日、「赤い羽根共同募金」(JR石和温泉駅前)では、石和中の生徒、石和北小の児童等四〇人と一緒に。

二〇一四年九月二八日、「あいこちゃん募金」(長野・いちやまマート諏訪店)。

二〇一四年一〇月五日、「あいこちゃん募金」(ザ・ビック韮崎店)。

二〇一六年五月五日、「熊本地震災害義援金募金」(イオン石和店)ヴァンフォーレ甲府の選手の皆さんと。

「あいこちゃん募金」は、重い劇症型心筋炎にかかった長野県諏訪市在住のあいこちゃん（当時七歳）の米国への渡航と心臓移植費用のための募金活動で、二億一千万円という金額が目標でした。

二〇一四年九月二五日、「劇症型心筋炎って怖いですね」と云われました。「サクライザー新聞」の記事を読んで、「あいこちゃんを救う会」の活動を知っていただけました。それから心臓移植など、興味を持って調べてくれたようです。募金でお金を集めることももちろん大事ですが、この活動を通して、「生命」について関心を持つ人が増えることが大事だと考えます。

最近は、ＳＮＳで誹謗中傷する人が多いですが、匿名性を勘違いして、何を云っても良いと思い込んでしまうようです。〝本人を前にして、それを云えるか！〟なのですが、本人を前にして云う人が少なからずいます。

「あいこちゃん募金」を諏訪でしていた時のコト。あいこちゃんのお母さんの隣で、サクライザーと募金の呼びかけをしていました。そのお母さんに、心ない言葉を浴びせていったジジイがいました。

世の中にはたくさんの病に苦しむ子供がいるのに、自分の子どもだけ、人様の金を集めて助かろうとする身勝手な行為だ――というような言葉を投げつけて行きました。要するに、金がかかるから子どもを見捨てろと云いたいのでしょう。

藁をもすがる思いで募金の呼びかけに立っている人間に対し、相手が反論しないのを良いことに、上から目線で自分の考えを主張するのは、思想信条の表現ではなく、ただの暴力です。〝云いたいことがあるなら、まず募金してから云え！〟。博士は隣でキレそうになりましたが、お母さんが必死に耐えているのに、博士がキレたのではぶち壊しになってしまうと踏みとどまりました。

このジジイがどういう人生を歩んできたのかもわからなかったし、もしかしたら、目の前で助けられる命を助けられなかった過去を持っていたかもしれない。だとしても、そのジジイの姿は、悲しい姿に他ならない。ジジイ、しっかりしろ！

全ての生命を守ることはできません。でも、だからといって、目の前の生命を救わない理由にはならない。幼い子どもの生命を見捨てるような社会に、あなたは生きたいと思いますか。私は御免です。

子どもには、健やかに育つ権利、教育を受ける権利があります。それを保障するのが国の義務であり、大人の責任です。その根本の理解がないことから、様々な歪みが生じています。日本は今、子どもの人権を考え直す大事な時期に来ています。「皆のために」と漠然と云っているうちは、事態は動きません。具体的な「一人」のために、心を砕き、行動することから、地域が、社会が、ひいては、世界が変わり始めます。

心臓移植の募金は、残金が発生した場合は、他の心臓移植の募金に引き継がれます。他の人の生命を守ることにも使われるのです。

控室に戻って、

「あんなこと、気にしなくて良いですよ」とお母さんに云うと、

「………慣れてますから」と、か細い声でおっしゃいました。

慣れているんだ、そういう言葉にさらされながら家族で頑張ってきたんだ。我が子の生命を守ろうと腹をくくった親は、強いです。山梨に戻って来て、企業家の方を訪ねると、「こういう活動の大変さは、やったことのある人にしか分からないんだ」と云いながら、募金

にご協力頂きました。人間としての重みを感じました。

国レベルでも、武器でどうやって相手を脅すかを競うより、困っている人を何人救えたかを競うような世界にしていこうではないですか。

福島の希望の星　ある少女の物語

二〇一一年三月一一日午後二時四八分。東日本大震災が日本を襲いました。
復興庁がまとめたデータによると二〇二一年二月八日時点で全国の避難者数四万一二四一人。山梨県の一七市町村に福島、宮城、茨城、千葉、栃木の六県から四九〇人が避難しています。

当初、甲府地方法務局によると、福島から避難してきた子どもの保育園入園が「原発に対する不安が他の保護者から出た場合、対応できない」との理由で断られていたケースや、自宅近くの公園で子どもを遊ばせようとした際、近くの住民から避難者であることを理由に「遊ばせるのを自粛してほしい」と云われたこともあったようです。

これは、原発への不安も働いたと思いますが、それ以前に、強い「地元意識」が反転した、甲州弁の「きたりもん」(注1)という差別色の強い言葉に代表される心理が働いたと思われます。経験者に話を聞くと、山梨に引っ越してきて人間関係になじむのに二年かかるようです（一年ではなく、二年！　引っ越してきて、なんとなく違和感を感じている人も、諦めないで！）。

悪気はないんです。その人に、興味はあるんです。仲良くしたいんです。ただ、「ビビリ」なだけなんです（少しのことにも怖がったり、落ち着かなかったりすること）。新住民が、そんな山梨で女房子ども（にょうぼう）を守るため大事なのが、〝迎合したフリ〟（笑）。一転、仲良くなれると、過剰なくらい親切にしてもらえるようになります。

（注1）きたりもん
よそ者。警戒し、壁を作り、「地元出身者でない人」を傷つけるような言葉。地元の有力者のような人が云いだすケースがあるから厄介。明確な基準がないので、一〇年たっても、二〇年たっても、「あいつは〝きたりもん〟だから信用ならねえ」と裏で云われることもあります。

そんな風潮もある中、福島県から家族で避難してきた少女がいました。突然の震災により、仲の良かった友達とも離れ離れになり、なかなか山梨の中学校にはなじめませんでした。「なんで私ばかりがこんな目に合わなければならないの！」そんな思い詰めた日々の中で、声をかけてくれた同級生がいたのです。チーム・サクライザーの荊沢（ばらざわ）サラでした。二人は仲良くなり、荊沢サラは、彼女をチーム・サクライザーに誘いました。それから毎週、チーム・サクライザーの道場に通うようになり、アクションがみるみる上達して、サクライザーショーでも活躍するようになりました。それまで、病気がちだった身体も、みるみる健康になっていきました。

邪忍者兵（じゃにんじゃへい）（仮面ライダーでいうところのショッカーの戦闘員）に扮した彼女が富士川町の（注2）大法師（おおぼし）公園の桜まつりでは、祭り客の酔っぱらいに首を絞められたり、（3）須玉（すたま）甲斐源氏祭りでは、興奮した子どもに木刀で襲われそうになるなどの怖い経験もしましたが、山梨で活躍の場を広げていた二〇一三年七月二七日。そんな彼女を福島のテレビ局が取材にきました。

二〇一三年九月二一日二二日には福島県で行われた「ご当地キャラ　こども夢フェスタin白河」に、チーム・サクライザーが参加し、彼女の〝凱旋公演〟が実現しました。

「山梨に避難して、忍者になって帰ってきた!?」と、昔の彼女を知るかつての同級生たちも、その変貌に驚いていました。

突然の不条理に直面して、震災の避難先で、大変な苦労をしている人の話をよく聞きます。思い通りにならないことがあったとしても、思ってもみなかった体験や、出会いをもたらすこともあります。彼女の元気な姿に、どれだけ勇気づけられたか。孤独で苦しんだからこそ、人の苦労が分かります。悩んでいる人を励ませます。彼女は、福島の同じ悩みに苦しんでいるたくさんの人たちの希望の星となりました。

ちなみに、福島県白河市（しらかわ）には、「ダルライザー」というご当地ヒーローがいます。異色の地方発エンターテイメント映画「ライズーダルライザーTHE　MOVIE」が完成し、全国公開を経て、二〇一九年八月一七日、地元での凱旋上映会が行われ、博士は片道六時間かけて行ってきました。

地産地消。この映画は、一般からの協賛で一五〇〇万円を集めてつくられ、市民がメインキャストもアクションスタントもこなしています。

映画のほとんどを白河で撮影。白河駅を出れば即ロケ地！　この町が好きな人たちがつくった映画だから、この町で観たいと思いました。この町の空気を吸いたいと思いました。

舞台挨拶も、地元ならではの味わいがあって、嬉しい。

白河は、若者に希望を与える素敵な町です。この映画は、むしろ挫折した大人にこそ見て欲しい。上映後、ダルライザー役の和知健明(わちたけあき)さん　監督の佐藤克則(さとうかつのり)さんに、演技経験が初めての人を巻き込んでの映画作りの苦心談などをお聞きしました。

福島県白河市には、長らく映画館がなかったそうです。大型のシネコンが流行し、「街の映画館」が消えていく時代。白河市も例外ではありませんでした。そんな環境の中、「ライズーダルライザーTHE　MOVIE」の上映は、当初、市内のイベントホールを使っていましたが、その後、市内の空き店舗を活用し、「シネマナナハチ」という期間限定の映画館を誕生させるまでになりました。

地域の人たちの喜んでいる姿を見ると、やっぱり映画化はワクワクします。山梨の地域資源を考えると十分可能なわけで、映画版「甲州戦記サクライザー」の可能性を、山梨は忘れてはならない。「サクライザー」を見て、育ってきた人たちの中から、やがて、そういう動きは起こってくるでしょう。庵野秀明(あんのひであき)が石ノ森章太郎愛で「シン・仮面ライダー」

をつくったように。

その際の同時上映は、「シン・風林火山」、「シン・甲州選挙」「シン・リニア新幹線殺人事件」なんてどうでしょう。コアな山梨県民には深く刺さります（笑）。

（注2）大法師公園

「日本さくら一〇〇選」にも選出される桜の名所。春になると全山二〇〇〇本の桜が咲き競います。

（注3）須玉甲斐源氏祭り

北杜市須玉町の「若神子城（わかみこ）」は、甲斐源氏・武田始祖の新羅三郎義光（しんらさぶろうよしみつ）が築いたと云われています。それにちなんで、毎年秋に開催されます。採れたてのキノコをふんだんに使った〝きのこ汁〟が、絶品でした。

災害と子どもとヒーローと

居酒屋バッタもん　佐々木剛さん（左）

東京板橋区にある「居酒屋バッタもん」へ行った時のこと。この店は、知る人ぞ知る、あの仮面ライダー2号一文字隼人こと、佐々木剛さんのお店です。店内には、貴重な仮面ライダーに関するグッズがたくさんあり、もちろん、変身ベルトもあります。佐々木さん、ご本人もいらして、チーム・サクライザーへのメッセージも頂きました。驚いたのは、このお店にも、「サクライザー新聞」があったことです。特撮ヒーローファンの人たちの手から手を経て、ここまで届いていたようです。

このお店の性格から、個性的な人が集まりますが、その日は、「ジョジョの奇妙な冒険」の声優さんに混じって、「宮城ヒーローサミット」の関係者が飲んでいました。

災害などで心に強烈なショックを受けた子どもは、急に親に甘えたり、夜泣きやおねしょなどの〝赤ちゃん返り〟といった退行現象をみせることがあります。その反応は一人ひとり人異なり、子どもにとって不安の表現です。しかし、子どもには、自分で自分の心を立て直そうとする力があります。

必要なのは、「子どもが子どもでいられる」居場所や環境を確保することです。親を心配させないように、子どもが自分の意に反してまで頑張る状況は好ましくありません。とはいえ、子どもを弱者と決めつけ、「世話をされるだけの存在」にしてしまうと〝自尊心〟を損ない、気力を奪いかねません。

東日本大震災の後にも、子どもたちのこうした状況がありました。昼間は明るく元気にしているのに、夜になると泣き出したり、おねしょをしたり。この状況に立ち上がったのが、東北各県のヒーローたち。そうして開催されたのが、「宮城ヒーローサミット」でした。

このイベントに参加して、元気をもらった女の子（五歳）がいました。大変に感激した女の子は、翌年のイベントには、なんと家族でヒーローを立ち上げたのです。女の子は、ヒーローに元気をもらったので、今度は自分がヒーローになって、他の誰かを元気にしたいと思いました。救われるだけの存在から、誰かを救う、支える存在になりました。ヒーローに触発され、誰の心にもヒーローの魂は宿ります。心の復興に、ヒーローの果たした役割は大きい。

この「宮城ヒーローサミット」のＭＣをしていたのが、特撮好きで知られ、「田名部生来のオタクカルチャー大全」の著作もある、当時ＡＫＢ48の三期生・田名部生来（たなべみく）さん（たなみん）でした。「じゃあ、たなみんに、サクライザーに出てもらえば」と、居酒屋がバッタもんで云われ、いくらなんでもと思いましたが、その場で連絡を取り始め、関係各位のご協力により、「甲州戦記サクライザー」シーズン5、6に出演が実現しました。さらに、田名部生来さんには、千葉で行われた、日本ローカルヒーロー祭りの「甲州戦記サクライザーショー」にも出演して頂く運びとなり、ＡＫＢがヒーローショーに出演ということで反響がありました。その際は、山梨まで練習に来てくれました。

ＳＤＧｓ一人一人の挑戦で、地球規模の課題乗り越えろ！

ＳＤＧｓ（持続可能な発展目標）は、「誰も置き去りにしない」を基本理念に、二〇三〇年の世界を見据え、国連が定めた指針。一七分野一六九項目という多岐にわたる目標で、発展途上国だけでなく、先進国も、生産・消費のあり方を変える必要があるなど、人々のライフスタイルにまで踏み込んだ大胆な挑戦です。

二〇二二年九月、山梨日日新聞では、ＳＤＧｓ一五〇人宣言（二〇文字）を募集。

博士は、ＳＤＧｓの掲げる一七の分野から、

「四．質の高い教育をみんなに」を選び、

「創造力や勇気を育み、山梨との絆を深める」と応募。

テレビシリーズ「甲州戦記サクライザー」シーズン7では、SDGsの「誰も置き去りにしない」という基本理念に共感して、シナリオに取り入れました。世界自閉症啓発デーの活動や心臓移植募金活動も、「誰も置き去りにしない」というメッセージの表現でした。

二〇三〇年へ向かう一〇年は人類にとって重大な分岐点です。環境問題、核兵器、飢餓、パンデミックなどに対してSDGsが広まったのは、「**自分の人生に関わる問題**」と理解されたからです。国と国とでは利害が対立して話がまとまりにくいことがあります。未来の子どもたちのために地球を大事にする市民を増やさなければならない。市民レベルの戦いが地道なようでいてカギを握っています。

自分の力ではどうすることもできないように感じる地球規模の課題。でも、それと向き合い、挑戦する中で生きがいや働きがいを見つけられます。そして、その先に、SDGsの達成も見えてくるのではないでしょうか。

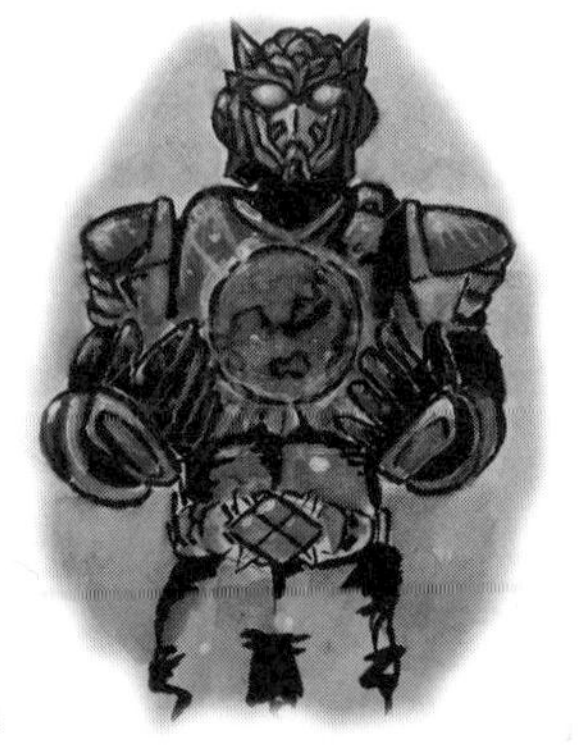

第8章　伝えたいことがあるんだ

山梨の主要メディアといえば、アレとアレとアレと「サクライザー新聞」ちゅうこん。てっ、知らんだかー？

「よく頑張ってるね」

別件で山交百貨店(当時)の事務所に足を運んだ時、役員から声を掛けられました。実は、手配りされる「サクライザー新聞」を受け取っていたそうで、「政治家は選挙の時しか駅前に立たないが、『サクライザー新聞』は、極寒の時にも立っている」と。見ている人が、やっぱりいてくれました。

過酷な状況の中でも、「サクライザー新聞」を手配りをするのは、何故か？　町おこしには寒い日もあれば、暑い日もあります。やりやすい状況だけの町おこしなんてあり得ません。チーム・サクライザーもしかり、困難に立ち向かう姿を見せることは、ご当地ヒーローに携わる者の宿命なのかも知れません。

毎月二五日（土日祝日、雨天は延期）のＪＲ甲府駅前（山交百貨店前）での「サクライザー新聞」の手配りの流れはこうです。

六時三〇分、山交百貨店前に、「サクライザー新聞」の束を降ろし、駐車場代がないので、知り合いの駐車場まで車を置きに行き、そこからロボズラーを抱えながら、二〇分ほど歩いて山交百貨店前まで戻ってきます。現場で博士が最初に行うのは、転がっている高校生の違法駐車の自転車を整理し、人の流れを確保することからです。

午前七時～九時の間　通勤・通学のみなさんに、「おはようございます！」の挨拶とともに博士は白衣姿で「サクライザー新聞」を配ります。そして、九時になると、近所の小さなパン屋さん「ドレミぱん」に移動し、美味しいパンとコーヒーを食しながら「サクライザー新聞☆朝の会」と称するオフ会？　が行われました。（くどいようですが、平日の朝です。出勤途中の方や幼稚園に子供を送り届ける前の親子が来てくれました。二人から始まった朝の会も、参加者が最大一一名くらいに発展。）

お気づきのように、ＪＲ甲府駅前での「サクライザー新聞」の手配りは、小さなお友達相手ではありません。通勤・通学の大人のみなさんです。通行人への手配りを経験したことがある方はお分かりだと思いますが、こういうものは、まず、受け取ってくれないという現実があります。五〇人、六〇人は平気で受け取ってくれません。無表情のまま、通過していきます。大勢で手配りすれば、まだ盛り上がりようもありますが、基本一人ですから、白衣のおっさんがポツンと立っているだけです。テレビに出ている、ショーで活躍していると云ったって、そんなものは一〇分もすれば、打ち砕かれてしまいます。そこからが、勝負です。安っぽい、名聞名利を捨て去った先に、人間力の勝負があります。

そこで〝発想の転換〟をすることにしました。

「サクライザー新聞」を渡す目的から、ご通行中の一人ひとりに挨拶することを目的に変えました。「朝の声掛け運動」です。すると、「サクライザー新聞」を受け取ってもらえなくても、気にならなくなりました。とにかく、元気に、一人ひとりに向かって挨拶することに徹しました。結果、二〇一三年八月二一日～二〇一七年六月までに延べ一〇万人に頭を下げ、挨拶することができました。

なぜ、「サクライザー新聞」の手配りがJR甲府駅前（山交百貨店前）なのか？　もちろん、通行量があるということもありますが、山梨県庁職員や甲府市役所職員が多いということもあります。山梨を元気にするためには、まず県庁や市役所の職員から元気になってもらわなければ。山梨の元気のお届け、それが「サクライザー新聞」手配りなのです。

ところで、新宿駅や池袋駅では、毎週月木の朝に「朝8時の駅前チアガール」が、誰に頼まれたわけでもなく、通勤通学の人々に「ゴー・ファイト・ウィン！」とエールを送って励ましています。素通りする人がほとんどですが、手を振る人も現われたり、そして応援する彼女たちを応援する支持者も生まれました。

応援は、幸福を呼ぶ。山梨では、そんな励ましを「サクライザー新聞」が担っていたといえるでしょう。

そうした中、手配りで博士からもらうことにこだわる方々も現れました。それまでは、イベントなどで「サクライザー新聞」を手にする機会があっても、一切手にしないという徹底ぶり。仕事が休みでも、「サクライザー新聞」をもらうためだけに電車に乗ってきてくれる人もいましたし、「これでも、飲めし」と、寒い日は、温かい缶コーヒーを差し入れてくれる人も現れました。

ヴァンフォーレ甲府が勝った後の「サクライザー新聞」の手配りは、気分も晴れやかでした。ヴァンフォーレ甲府のマフラーをしている人は、必ず受け取ってくれます。そして、ヴァンフォーレ甲府戦の話をするのが常でした。J1残留を共に喜び合ったのも懐かしい思い出です。配る方も、受け取る方も郷土愛の現れ。山梨では、一人一人がかけがえのない存在でいられるのです。

二〇一四年七月二五日、「サクライザー新聞」の手配りに、ファンの女の子（小五）とお母さんが参加してくれました。「頼む、甲府の人間を嫌いにならないでくれ！」と博士は、心の中で秘かに叫んでいました。当然のことですが、最初、女の子は「サクライザー新聞」を渡すどころか、声も出せませんでした。それは、当然のことです。やがて、「おはようございます、サクライザー新聞です！」が云えるようになり、新聞も自分から渡せるようになりました。その姿に胸が熱くなりました。まずやらせてみる。教育ってこういうことなんだなと、この親子の姿から学ばせて頂きました。

他にも何人か小さなお友達が、「サクライザー新聞」の手配りに挑戦してくれました。その話は、また別の機会に。

二〇一四年八月二五日、「てめえ、どこの医者だ……ここで何してる！」。甲府駅前の「サクライザー新聞」を手配りしている最中、白衣姿の博士は、酔ったおじさまに、からまれていました（笑）。

二〇一四年九月二六日、「博士、先日の（ヴァンフォーレ甲府戦）白星、ありがとうございました。次の大宮戦もお願いします！」。甲府駅前で「サクライザー新聞」の手配りをしていると、男性が駆け寄って来て、そう云われました。思いが通じて、うれしかったです。

二〇一四年一〇月二七日、「サクライザー新聞」甲府駅前の手配り中、博士の前に、一台の自転車が止まりました。「昨日は（ヴァンフォーレ甲府戦）ありがとうございました」。それだけ云うと、高校生は、「サクライザー新聞」を受け取り、走り去っていきました。

多くを語らなくても、気持ちはつながっている。素敵な街です。

二〇一六年一〇月三日、ＹＢＳラジオ「月曜キックス！」。この日のテーマは、「挨拶しますか？　あまりしたくないですか？」。

毎月甲府駅前の「サクライザー新聞」の手配りで絶対に受け取らない、顔も見ようとしない男性がいました。それでも、心を込めて挨拶だけは続けていました。「もらってもいいですか」。**一年九か月後**、その男性から新聞を求めるようになりました。挨拶は、間違いなく、人の心を動かします。

心理的にダメージを受け、心臓が締め付けられ、過呼吸で苦しんだ直後だったので、身体に電流が走るくらいうれしかった。ここでか、このタイミングでかと、痺れました。

毎月の「サクライザー新聞」の手配り。五〇人、六〇人と挨拶してもリアクションが返ってこないどころか邪魔だみたいな反応は当たり前。それでも、笑顔で挨拶を続けるのは、何故か？　それは人間を信じているに他なりません。

お金や地位もない以上、世の中を変えるには、挨拶からしかない。人間の最後の武器は、人間を信じること。〝私はあなたを尊敬しています！〟それが挨拶だと思います。

二〇一六年一月二六日、冬場はなかなか厳しいことが予想されましたが、どうしてどうして、健闘したと思います。日経新聞を抱えた年配の男性や女性が、特に受け取ってくれます。若い男性や高校生は、好奇心が薄そうです。

二〇一六年一月二六日、甲府駅前での手配り。〝この冬一番の寒さ〟とか聞くと、燃えますね～（笑）もはや、修行の世界です。でも、寒いからこそ、「サクライザー新聞」で、人の心を温めたいと思ってしまうのです。

二〇一六年一〇月一四日、「甲州勝沼ぶどう祭り(注)」。雑踏の中で博士を見つけた男性は金融機関の仕事で東京から山梨に単身赴任で来ているとのこと。毎月、甲府駅前の手配りの

「サクライザー新聞」を〝無表情〟で受け取っているが、すごく楽しみにしていて、新聞は隅々まで読んだ後、職場で回覧することになっていると伝えてくれました。

二〇一六年一〇月二六日、「ウチの奥さんが楽しみにしているんです……」という男性が増えてきました。

（注）甲州勝沼ぶどう祭り
一〇〇〇円でワイングラスを買って二五種類のワイン試飲し放題、二時間おきにぶどうの無料配布、豊富なつまみ模擬店が並び、サクライザーショーやフィナーレには花火も。親も子も一日楽しめるお祭り。ワインをコジャレタお店で飲むのも良いけど、産地ならではの雰囲気で楽しめる、他県憧れのイベント。

二〇一七年二月二七日、甲府駅前で「サクライザー新聞」を手配りする時、前方から歩いてくる人々に意識を集中するのですが、自分の背後にも気を付けないと事故につながってしまいます。背後を威勢よく駆け抜ける自転車を何台もかわしましたが、この口は、体当たりをしてきた人をモロに受けてしまいました。不意を突かれ、歩道に投げ出された挙句、「ゴメンナサイ」も「大丈夫?」もなく、故意なのは明らかでした。まぁ、刃物で刺され、内臓をえぐられなかっただけでも儲けもの。感傷に浸っている暇はありません。新聞配らないと。

ちなみに、山交百貨店は、令和元年九月三〇日、六五年の歴史に幕を閉じました。お別れに駆け付けた人たちの中にはもちろん、博士の姿もありました。

二〇一七年三月一一日、長野県の小学二年生から「サクライザー新聞」の塗り絵が届けられました。えっ、なんでお隣の長野県かって? 宅配牛乳の峡北(きょうほく)牛乳では、毎月集金袋とともに「サクライザー新聞」が届けられました。峡北牛乳は、山梨県内だけでなく、長野県内でも展開しており、その関係で長野県内にも新聞が届いていたのです。そして「サクライザー新聞」の塗り絵を描いて峡北牛乳(牛乳を運んでくれる人)に託すと、博士の手元まで届くというシステム、名付けて、「ミルクロード・システム」でした。

届いた塗り絵は、カラフルなロシア人、スリランカ人、日本人の〝国際ひなまつり〟にバージョンアップされていました。その発想が素敵です。

長野県の小学校２年生から届いた
「サクライザー新聞」塗り絵

実は時代の最先端「ロボズラーポスト」

ロボズラーは、山本博士が開発した人気ロボット。ドラマの中でも、活躍しています。

ロボット＋ズラ（甲州弁）＝ロボズラー。

博士は、都合が悪くなるとロボズラーに押し付けるので、そういう意味での、万能ロボットです。外見は、郷愁を誘う段ボールに見えます。

博士が車の助手席に乗せて、山梨県中を走っているので、子供たちにも大人気で、かなり、親しまれています。

二〇一五年一二月一四日、午前中、ある会社で打ち合わせをしていると、外から子供たちの声が聞こえてきました。

「サクライザーのサンタだ‼」

近所の保育園の子どもたちでしょうか。列をなした子どもたちが、博士の車の助手席のロボズラーに次々と挨拶して通り過ぎていきました。結構な人気のようです。

二〇一五年一二月一五日、飛び込みで入った和菓子屋さんで、お団子好きな子どもに会いました。

「車にロボズラーも乗っているんだよ」と云うと、

「ロボズラー!!!」と反応したのは、まさかのお店の女性でした。

二〇一六年二月一七日、信号待ちをしていると、下校途中の小学生の女子たちが、「アレアレ!」「わ〜〜スゴイ‼」と盛り上がっていました。ロボズラーも、ちょっと照れ臭そうにしていたので、悔しいから、指で突いてやりました(笑)。

二〇一六年五月九日。

▽今日、念願だったロボズラーに会えた‼　博士の車の助手席に乗ってた‼　もうそれだけで今日はハッピーだわ。ありがとう。博士!!!△

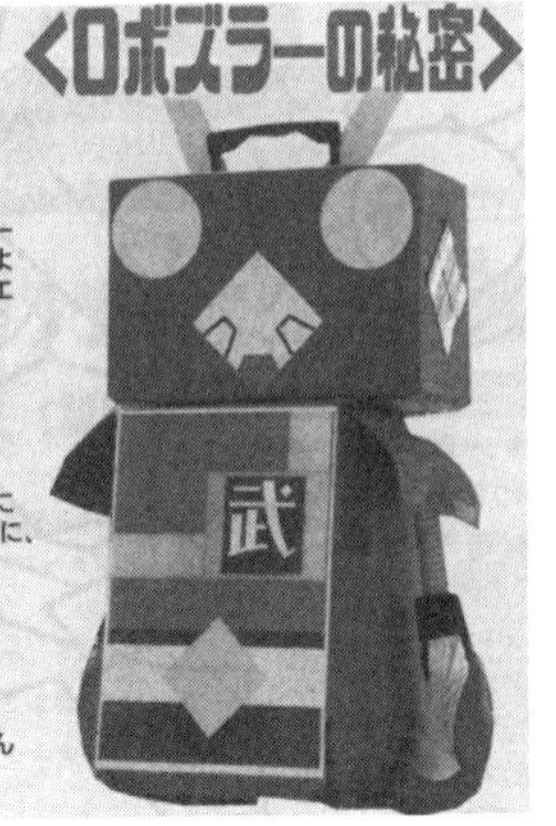

ロボスラーの秘密

二〇一六年五月一七日、ボク、ロボズラー。撮影に行った時、朝っぱらから部活に行く女子高生たちとすれ違ったんだよ。そうしたら、「カッコイイ‼」って、「カワイイ」じゃなくて、「カッコイイ」だよ。やっと時代がボクに追い付いて来たね。あッ、博士には内緒だよ。

二〇一七年二月二日、ある人から「これだけ人気が出たんだから、山梨県内のどこかの鉄工所とかで、〝巨大ロボズラー〟を作ってる人がいるよ」と云われました。

二〇一七年六月二五日、「弟が欲しい……」と、ロボズラーが云うので、博士、〝夜〟頑張ってみました（笑）まだ、生まれたばかりなので、トレードマークの触角はありません。そのうち、生えてくるかも知れません。弟（ロボズラー・ポスト）をよろしくお願いします。

二〇一九年四月六日、甲府の中心街で飲んでいた時のことです。

スナックのママさんが、突然、妙なことを云いだしました。ママさんは、サクライザーを知らないのに、イトーヨーカドー甲府昭和店内にある、「ロボズラーポスト」に手紙を書いたことがあったのです。葬儀の返礼を買いに行った時に、サービスカウンターにあった「ロボズラーポスト」が目に入り、悩み事を長文で綴ったそうです。サービスカウンターには、「ロボズラーポスト」用に紙と筆記用具が用意されており、「叶うと良いですね」と、店員さんに云われたとのことでした。ファンとの交流を目的に始めた「ロボズラーポスト」でしたが、博士の知らないところで、社会の受け皿になっていました。

「サクライザー新聞」は、アプリや電子書籍へと展開しました。でも、それだけでは、不十分に思えました。ネットで事足りると思ったら、それは堕落の始まり。ネットがつかみ切れないその先にも、人の心は存在します。「ロボズラーポスト」は、インターネット全盛期の今だからこそ、もっとファンとダイレクトにつながりたいと思い、あえて手紙という、アナログ的手法を採用することにしました。「ロボズラーポスト」には、子どもたちのお手紙や絵が投函され、サクライザーやKAGURA〈神楽〉、ハカセの元に届きました。

「甲州戦記サクライザー」シーズン7には、ロボズラーがKAGURA〈神楽〉の活躍を〝手紙〟で博士に伝えるシーンがありましたが、ロボットなのにアナログチックな手法を取ったのは、魔玄一族による通信傍受を警戒しての事。それ以上に、ロボズラーが〝手紙〟を出すのも、もらうのも好きだからです。

第9章　サクライザーは、本当に強いのか？
そこ人気のヒミツ

二〇一六年九月四日、標高一六〇〇メートルの爽やかな空の下「第37回八ヶ岳ロードレース」。

一回目の「サクライザーショー」が終わり、会場を歩いていると、南アルプス市から参加してくれた男の子たちが、見たばかりの「サクライザーショー」を興奮気味に話しているのが耳に入ってきました。

「あんな状態じゃ、サクライザーが勝てるとは思えない！」

子ども達の分析は、正しい。どう贔屓目に見ても、サクライザーより、邪鬼礼威子率いる魔玄一族の方が強そうなのは間違いありません。毎回サクライザーは、魔玄一族に、寄ってたかってボコボコにされてしまいます。

二〇一六年八月一七日、「甲斐いちのみや大文字焼き」での「サクライザーショー」。

二回目のショーの会場に向かう途中、邪鬼礼威子は、子どもたちから、

「サクライザーに、一発かましてやってくれ！」と声を掛けられていました。

二〇一九年一一月三日、「みのぶまつり」。この日も邪鬼礼威子の決め台詞「（サクライザーを）やっちまいなー」が炸裂しました。その瞬間、会場の子どもたちから、「やっちまえコール」が沸き起こりました。

この話を聞いて、『完全解説　ウルトラマン不滅の10大決戦』（集英社新書）にあった〝ウルトラマンは弱かった〟という話を思い出しました。

「子供って完璧に強いものは好きじゃないんですよ。応援のしがいがないというか。どこか弱そうな部分があるから感情移入して〝がんばれ〟と応援する。ウルトラマンも撮影開始前からアクション監督などがいて、完璧な動きを見せていたら、計算ずくの華麗なアクションをする強いウルトラマンを見せていたら、子供たちはあんなにも熱く応援してくれただろうかと思うことがあります」

「怪獣と戦っても勝てるかどうかわからない。それでも立ち向かっていく。その勇気を振り絞るところに、子供たちは共感してくれたんじゃないですか。アクション経験がないから、撮影は怖かった。～でも、必死になって戦った。そういう心の葛藤みたいなものがウルトラマンの動きに反映されていたんじゃないですか」

サクライザーも、圧倒的な強さでなかったから、人気がでたのではないでしょうか。あの桜井ケータですから、子どもたちにしたら、応援のしがいがあったと思います。

「甲州戦記サクライザーショー」で子どもたちは、一緒にワクワク・ドキドキすることで共感を覚え、応援し、サクライザーが逆転勝利することで、自己肯定感が高まっていきます。

二〇二〇年八月二七日、ツイートありました。
▽山梨のサクライザーもバイク乗ったらどうかしら？△

二〇一四年七月二〇日、万代書店でサクライザーを見た親子の会話。
「サクライザー、歩いて来たのかなぁ」と女の子。
「バイクで来たんだろ」とお父さん。
なんか、納得してしまった。やっぱり、ヒーローにバイクは必須です。

ウルトラマンが空を飛んで行くと同様に、仮面ライダーは、内容が微妙の回でもバイクにまたがって旅立つシーンが最後に流れると、それで結構納得してしまうものです。それくらい、ヒーローにとってバイクは重要なアイテムです。

仮面ライダーはなぜバイクに乗る？

二〇二〇年二月二一日に放送された「チコちゃんに叱られる!!」(NHK)で扱われたテーマの一つが、「仮面ライダーがバイクに乗っているのはなぜ」でした。一九七一年に放送されてから続く仮面ライダーですが、なぜ「ライダー」になったのか? チコちゃんの回答は、「ちょいワルに見せたかったから」というものでした。

石ノ森先生が仮面ライダーで目指したかったのは「心に影を持ったヒーロー」でした。ただただキレイな正義の味方ではなく、毒も持つヒーローを作る際に世間のいいイメージに逆行したものを組み合わせたかったといいます。

影の表現としてバイクを使ったのは、当時の社会情勢が大きく影響しています。仮面ライダーの企画当時、世間では「カミナリ族」の影響で、バイクに対してアウトローなイメージが付いていたことからバイクを採用したと解説していました。今年公開された「シン・仮面ライダー」を見ると、〝孤独を楽しむ〟を表現するアイテムにバイクを使ったと思いましたが、みなさんはどう感じましたか。

五〇年前には、撮影のために、公道を改造車両がナンバープレートもなく走っていました。今はさすがに、そういうワケにはいきません。スーパー戦隊のヒーロー達が搭乗する実物走行車両が、近年減ってきています。二〇〇〇年前後から減少が顕著です。これは、道路交通法の改正時期に重なります。

全国のご当地ヒーローも、バイクに乗って活躍しています。

■茨城県のヒーロー　時空戦士イバライガー
ホンダ・ワルキューレ（１５００cc）
真っ赤なトライク（三輪バイク）横に張り出したエンジン片側三本ずつあるエキゾーストパイプから、ベース車両水平対向六気筒エンジン搭載

■千葉県のヒーロー　宇宙神ゴットチバダー
フォームチェンジを行うゴットチバダーは、フォームごとに乗るバイクが変わるのも大きな特徴！
スズキＧＳＸ－Ｒ１１００Ｗをベースとする「ハイパーゴッドジェット」だけでなく、

カワサキKDX250SRをベースとする「ランドビクトリー号」。他にも、ホンダVツインマグナ250をベースとする「Vクルーザー」、カワサキZZ-R1100をベースとする「イイダイバー」など。

ヒーローショーを始める前に、バイクを運転しながら現れることもあります。

■群馬県のヒーロー　ヘリテイジ仮面
ベース車両は、ホンダCBR600RR。車体には赤いラインが入って、ヒーローらしいバイクに仕上がってます。

■秋田のご当地ヒーロー　超神ネイガー　二〇二二年六月二一日
秋田発：新車は思いを乗せて
秋田は、ご当地ヒーローに、新しいバイクが届いたぞ！！！！
▽おらがまたがるハタハタ型のスゴイ奴。それがマシン・ショッツラー（FZR250）登場から十六年……いい加減そろそろアレなので（＝エンジン死んだ）新しくしてえんだども、バイクとか提供してくれる奇特なスポンサーとかいねえかなあ（ガワはこっちで

なんとかする）へばな△

ＳＵＺＵＫＩ　ＭＯＴＯＲＳ　二〇二二年六月二二日
▽山形にあるバイクショップ「ＳＵＺＵＫＩ　ＭＯＴＯＲＳ」です。ＫＴＭというメーカーのディーラーやっています。ぜひ、マシン提供させてください！　息子も大ファンです！△

その結果――――
二〇二二年一〇月八日
会場：ＳＵＺＵＫＩ　ＭＯＴＯＲＳ
超神ネイガー　バイク納車式　観覧無料

秋田のご当地ヒーロー超神ネイガーは、無事、新しいバイクを入手することができて、良かったですね。

実は、「甲州戦記サクライザー」も、バイクに乗っていました。

〈初代〉
KIZAN2000　真っ赤なサイドカー
クラウザードマーニ

〈二代〉
VRIII(KIZANVR3TRYACE)
ヤマハ　V-MAX　トライク

「甲州戦記サクライザー」シーズン3　第一話オープニング。
サクライザーがトライクで武川町の眞原(注)の桜並木を走るシーンがあります。

(注) 眞原(さねはら)の桜並木
牧草地の道路脇に並ぶ二〇〇本ものソメイヨシノの並木。七五〇メートルにわたる桜のトンネルが伸びています。近くには天然記念物の「山高(やまたか)の神代桜(じんだいざくら)」もあります。

「甲州戦記サクライザー」シーズン4　最終話ではサクライザーと桜牙が、バイクを並走するシーンが実現しました（ドローンで空撮）。
今でこそ、ドローンを使っての撮影は珍しくありませんが、当時は、ドローン自体が知られておらず、NHK連続テレビ小説「あまちゃん」のオープニング映像がどうやって撮っているのか、映像関係者の間で話題になっていたほどでした。それが、ドローンを使っての撮影の先駆けであり、そんな頃から、サクライザーは新しい表現に挑戦していたのです。

山梨発：バイクを手放したヒーロー　その衝撃の理由
二〇一五年七月一四日　邪鬼礼威子
▽サクライザーの撮影で使ったV－MAXのトライクがヤフオクにでてるぞー！△
二〇一五年八月三日
▽サクライザーのバイクが売りにでとる△

サクライザーがトライクでキメてる写真とともに、落札希望価格が載っていました。ネタとしては面白かったが、ネタではありません。

平和を守るために……現代版「鶴の恩返し」、否、「ヒーローの恩返し」です。

トライクは、「サクライザー新聞」の資金繰りがどうにもならなくて、手放なさなければならない事態に陥いりオークション（ヤフオク）へ。ヒーローがバイクを売りに出すのが話題になりました。そして、「甲州戦記サクライザー」を知らなかった名古屋の方が落札されました。

昔ながらの表現で云えば、ヒーローが借金の形（かた）にバイクを取られるという、あまりにシュール過ぎる出来事でした。

余談になりますが、

サクライザーの新しいマシーンとなる「トライク」を探しに大月へ行った時、倉庫の片隅で博士を待っていたのが、「シルバーシロー」でした。

〝時空を駆ける銀の矢〟「シルバーシロー」とは、二〇一二年六月一〇日に放送された、「サクライザー三〇分スペシャル　博士がタイムマシン開発しちもうだよ！　いってーどうなっちもうで⁉　午前一〇時二五分から！　楽しみにしてくりょうしよ！」「漆黒の金曜日」で、博士が開発したタイムマシンとして登場したマシーンです。正式名称は、「ミニカー　ミツオカK2」。

「ミニカー　ミツオカ　K2」は、日本で一〇番目の自動車メーカーと云われる、光岡自動車が提案したマイクロカーシリーズで、正面から見ると、鳥山明（とりやまあきら）氏の漫画に出て来そうなデフォルメされた顔つきが強調されています。デザインベースとなった、メッサーシュミットK

シルバーシロー

R200もとてもキュートなのですが、さらにふんわりデフォルメされていて、色も相まって近未来を感じさせる、まるで宇宙船のイメージでした。

しかし、結局「シルバーシロー」が登場したのは、その一話だけでした。

博士は「シルバーシロー」の、独特なフォルムに、一目ぼれしていたので、サクライザーショーの合間に、子どもたちを乗せてあげれば喜ぶ姿はイメージできたのですが、その日の食事にも事欠く博士には手が出ませんでした。

写真に映るヒーロー美学

六本木ヒルズ展望台でのサクライザー

二〇一六年八月一〇日、サクライザーは、東京・六本木の森ビルにいました。

▽森タワー屋上スカイデッキに行ったらヒーローに遭遇！　写真を撮らせていただきました。山梨県のヒーロー「甲州戦記サクライザー」様、ありがとうございました△

――という都会的な反応もある一方、こんな反応もありました。

六本木ヒルズに遊びに来ていた、若いカップルのうち女性が山梨県出身ということで、ローカル話が弾みました。都会で、地元出身者と会えるなんて、とうれしく感じていましたが、後日、Twitterを見ると、次のように書かれていました。

〝山梨のヒーローに、無理やり、写真を撮るように、せがまれて困った。しょうがないから、撮らせてあげた〟

それが彼女の本心なのか、見栄を張ったジョークなのかは、知る由もありませんが、良かれと思ってサービスした身としては、安っぽいイメージが拡散されて、気持ちは穏やかではなく、淋しさを感じました。

ヒーローはカッコよさがウリです。最近は、やけに腰の低いヒーローも見かけますが、それは、変化球。ストレートが走ってこそ、変化球が生きてきます。毅然としたヒーローが、時折、人間味を出すから、成立するもの。最初から腰が低いのは、人に喜ばれても、人はそれをカッコイイとは思わないからです。

ヒーローとは、たくさん写真を撮ってもらいたいし、たくさん思い出を作ってもらいたい。でも、ヒーローから写真を撮りませんかとお願いするものではなく、周りに、ヒーローと写真を撮りたいと思わせる雰囲気を出していることが大事だと、改めて、六本木で学ばせて頂きました。ヒーローと、そして写真を撮りたいという気持ちが出会った瞬間にバイブレーションが起こり、感動が生まれるのだと。

ヒーローについて、様々な考え方があります。
ある方は、ヒーローがボランティアで清掃活動することについて、〝それは、ヒーローのすることではない〟と云っていました。それが、彼にとっての、美学でした。

サクライザーの初期の頃のスーツアクターは、サクライザーショーの後の写真撮影会終盤になると、子どもを抱っこしたり、サービスを増量していました。理由を聞くと、〝列に並ばずに写真を撮れる子と、三〇分、一時間と並んで待ってくれた子を同じ対応であってはいけない。もちろん、撮影会後半の方がスーツアクターの身体はキツイ。それでも、そこまで並んでくれた気持ちに応えたいのだ〟と教えてくれました。

もちろん、並ぼうが並ぶまいが、食事していようが、関係ありません。お客さんに区別はつけない、という考え方もあります。ヒーローは、思いに応えようとする中で、さらに進化していくものなのです。

時々、サクライザーを誘って、プラっとお祭りに行ったりしますが、人が殺到して大変なことになります。皆さんに喜んでもらえればと思って行きますが、ここで大事なのは安全を確保しつつ、写真撮影用の列がつくれるかの技術。

ヒーローと写真を撮るのは、家族にとっても、最高に幸せな瞬間。最高な一枚が取れるように頑張るわけですが、とにかく並ぶのが嫌いで食って掛かってくる人、平気で横入りするセコイ人も中にはいます。博士も、一応演者ですが、こういう時はキツク注意させてもらいます。子どもたちの目の前なので教育的な側面もありますが、事故を未然に防ぐためです。自分の子どものことを優先的に考える気持ちもわかりますが、譲り合い、みんなでハッピーになりましょう。今後ともご協力をよろしくお願いします。

第10章　やまなし大使

「やまなし大使」就任式

二〇一三年一一月一七日（日）、第二八回県民の日記念行事。小瀬スポーツ公園体育館前ステージにて「甲州戦記サクライザー『やまなし大使』就任式」が、抜けるような青空の下、盛大に行われました。

山梨県庁で、サクライザーの就任式の打ち合わせの時に、サクライザーといえば、アクションがウリなので、どんなに短くてもいいから、就任式でやらせて欲しいと提案させて頂きました。

ところが……

「（魔玄一族の怪人が出て、子どもが怖がって）何かあったら、責任は取れるのか！」

と難色を示されてしまったのです。しかしその時、観光課の担当者が、

「私が責任を取ります！」と、云ってくれました。そのやりとりに心が震えました。そ

の信頼に絶対に応えなければと、決意を新たにしたのでした。

アクションは、見る人の熱量があがります。サクライザーと魔玄怪人のアクションにより就任式のボルテージも最高潮に。その後のパレードも、たくさんの方にご参加いただき、ご当地ヒーローにふさわしい就任式になりました。ありがとうございました。

ファンの方から、お祝いの紅白をイメージして、家族でワクワクしながら作ってくれた鉢植えを頂きました。ずっしりとした重みが忘れられません。

「やまなし大使」就任式

「甲州戦記サクライザー」の「やまなし大使」就任に対し
お祝いメッセージを頂戴しました。

「サクライザー新聞」より転載。社名、役職などは当時のまま。敬称略。

この度は、名誉ある「やまなし観光大使」へのご就任おめでとうございます。

本市では、平成二三年四月にリニア見学センター並びにエコハウスをまた、平成二四年九月には教員養成系の公立大学である都留文科大学（以下「文大」）を悪の魔の手から救っていただきました。

エコハウスでは都留観光キャラクター・つるビーと共に戦い、また、文大では悪の軍団・魔玄一族に連れ去られそうになった文大生を守っていただき、誠にありがとうございました。

今後もご当地ヒーローとして、大活躍されることをご期待申し上げます。

都留市長　堀内富久

この度は「やまなし観光大使」のご大任の栄誉を受けられ、誠におめでとうございます。これまでの戦いで得られた豊富な経験を武器に、「トップ・マネジメント」を新必殺技とし、より一層のご手腕を発揮され山梨を全国、世界へと発信されることを祈念いたします。

上野原市観光協会

お祝い　　甲州戦記サクライザー　様

この度は「やまなし観光大使」に就任され誠におめでとうございます。心よりお祝い申し上げます。

これも長年甲州戦記サクライザー様が全身全霊をかけて山梨県の文化・観光・産業などの地域の魅力を全国に発信することに尽力されてきた賜物だと存じます。

今後のますますのご活躍をご祈念いたします。

中央市役所商工観光課　観光担当

この度は「やまなし観光大使」への就任、誠におめでとうございます。

シーズン4では、できたてホヤホヤの甲府市庁舎を占領した魔玄一族と死闘を繰り広げ、見事取り返してくれたあなた…ほんと素敵でした。

どうかこれからも、甲州弁を駆使した心優しいご当地ヒーローとして、山梨を守ってください!!

甲府市観光課

「やまなし観光大使」へのご就任　おめでとうございます。

これまで各市町村を巡り、地域活性化の一役を担っていただいておりましたが、これからもさらに山梨の魅力を発信できるよう頑張ってください。

南アルプス市長　中込　博文

観光大使に就任したっつーじゃんけ。

ちょびちょびしてる魔玄一族をはんでしょーづけて、えれーけんど、山梨の平和とこれっからの発展のために活躍してくりょーしね。

期待してるよ。

あと、体力つけるじゃあ北岳ぇ登ったり、ちっとけったりくなったらオランとーんとこのぬくてー温泉と、うまいくだもんがぴったりだよ。
たまにゃあこーし。

南アルプス市役所観光商工課

やまなし観光大使就任おめでとうございます。
これからも山梨県の平和のため、地域振興のため頑張って下さい。
期待しています！
僕らもこう見えて戦隊なので、
ピンチの時には呼んでね！

From　市川三郷レンジャー（にんにん・どんどん・ぽんぽん）

山梨観光大使　サクライザー様
おめでとうございます！
これからもご活躍、楽しみにしております。
山梨を元気にして下さい！

古今亭志ん陽（落語家）

サクライザー　やまなし大使　おめでとうございます！

立川談幸、立川談之助、立川キウイ（落語家）

サクライザーやまなし大使任命、おめでとうございます。

僕の故郷である山梨から生まれたサクライザーをずっと応援しております。

これからも全国へ、世界への山梨ＰＲよろしくお願いします。

柏原収史（俳優・歌手）

やまなし大使就任おめでとうございます。

サクライザーファンとして嬉しいです。

ちなみに僕も京都府の観光大使をやらせていただいていますので、どこかで観光大使コラボをさせてもらえたら楽しいだろうなぁなんて妄想しております。では、山梨のために頑張ってください！

チュートリアル　徳井義実

やまなし大使への就任、おめでとうございます！
これからも引き続き、山梨県民の身近で親しみやすいヒーローとして、ヴァンフォーレ甲府と共に、この魅力溢れる山梨を全国、そして世界にＰＲしていきましょう。

ヴァンフォーレ甲府　盛田選手

やまなし大使おめでとうございます！
色々な困難があると思うけど頑張って！
応援してますよ！
チームサクライザー
そしてパレットガーデン！
天下をとれ！
ではでは！
にょろーん！

ＯＮＥ　ＯＫ　ＲＯＣＫプロデューサー　あっきん

甲州戦記サクライザー　様
「やまなし大使」就任おめでとうございます。

子供たちの笑顔は山梨の未来です。

食育、地域文化、交通安全教育等教育活動にサクライザーが尽力した賜物でございます。

県内のみならず、全国でのますますのご活躍をご期待申し上げます。

株式会社アルプス

祝　やまなし大使就任おめでとうございます。
これから県外へサクライザーが活躍していくと同時に、山梨県の素晴らしさを全国にＰＲしていく事を期待しております。山梨の代表として頑張ってください。
ハイランドパーク株式会社　サンメドウズ清里事業所　取締役支配人　浅川雅美

やまなし大使ご就任おめでとうございます。

日々活躍されている皆様の言葉には信頼があり、大きな影響を与えてくれます。

是非、山梨を故郷と同じように愛し、各場面で自慢していただけたら幸いです。
私たちは皆様がわくわくお話できるような観光地、地域つくりをしていきますので応援
よろしくお願いいたします。
株式会社小淵沢アートヴィレッジResort＆Spa　代表取締役　荒井達也

この度はやまなし大使任命誠におめでとうございます。
今後のますますのご活躍をお祈り申し上げます。
フォネットグループ　代表　清水栄一

サクライザーさん！
大掃除、餅つき手伝ってますか！
ローカルヒーローとして、
今年もたくさんの山梨の宝物を守ってくれてありがとう！
新技期待してます。
YBS山梨放送　中島一彦

やまなし大使ご就任、
誠におめでとうございます。
心よりお喜び申し上げます。
山梨そして子供達のために頑張って下さい。

有限会社　横内製麺　代表取締役　横内正弘

やまなし大使就任おめでとうございます。
この命に恥じぬよう「がんばれ！」

株式会社クレバークリエイティブ　代表取締役　渡辺賢

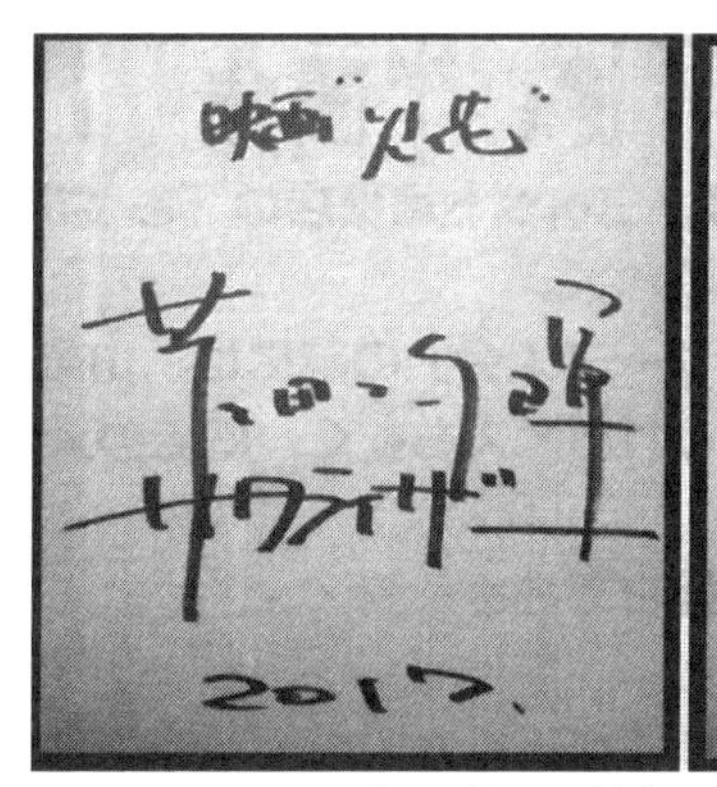

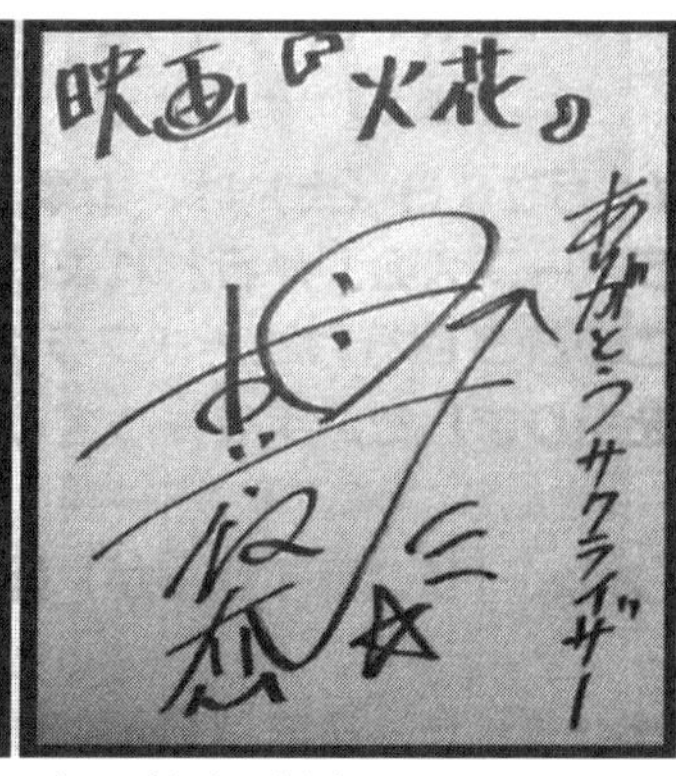

菅田 将暉（左）、桐谷健太（右）

全国のご当地ヒーローからも、
熱いメッセージ届きました。

やまなし大使任命おめでとうございます。
今後は地域振興のため山梨県の象徴的存在として
広報活動頑張って下さい。
　愛知県知多郡武豊町　竜宮戦士　竜斗

やまなし大使就任おめでとうございます。
山梨県の平和を守りながらのＰＲ活動、これから、
とても忙しくなると思いますが、
頑張って下さい。
　宇宙のご当地ヒーロー
星龍戦士コスモフラッシャー

やまなし大使任命おめでとうございます。
山梨県に出動した際には、是非美味しいものや名所を教えて下さい☆
またお会いできるのを楽しみにしております!!
観光大使ヒーロー、頑張って下さい!!

鳥取県　白兎跳神☆イナバスター

おめでとうございます。
子供達の笑顔を護る、地域を護るご当地英雄として更なるご活躍期待してます！
練馬にも遊びにきてください。

東京都練馬区在住　そたいくん

やまなし大使就任おめでとうございます。
心よりお祝い申し上げます。
観光大使として今後益々のご活躍をお祈り致しております。

福島県相双地区　相双神旗ディネード　相双ディネード・相神ミネート

やまなし大使おめでとうございます。

と！　こ！　ろ！　で！

魔玄一族の礼威子さんはお元気？？？　同じ悪の女性ボスとしては、是非礼威子さんに裏やまなし大使！　に就任して頂きたいわ。

「ほうとう」でしょ「信玄餅」でしょ「吉田うどん」でしょ。

あぁ～行ってみたいわ～♪　魔玄一族の皆さん待っててね～☆

福島県相双地区　相双神旗ディネード　悪のゴンケー軍団　首領アクビシ

この度はやまなし大使の就任おめでとうございます！

サクライザーさんの活動が認められ実を結んだ証拠だと思います。

どれだけの努力と工夫があったことでしょう。

僕もその勢いを学びたいと思います！

「はんでめためたごっよでごいす！」

これからも素敵な山梨文化を世に広げて行ってください！

仕事ですからね！

更なるご活躍を祈念いたします！

福島県白河市　ダルライザー

やまなし大使任命おめでとうございます。

白河での共闘懐かしくさえ思います。

またいつか必ずおあいいたしましょう！

この度は本当におめでとうございます！

電光説破　ナムサンダー

やまなし大使任命、おめでとう！

八王子は、信玄公のご息女の松姫様がお住まいになった地でもあり山梨県とはゆかりも深い。

やまなし大使になっても、これからもよろしく！

そして！　日本や世界の皆に山梨県の良さを広くＰＲしていってくれよな‼

この度はやまなし大使のご就任おめでとうございます。

同じご当地勇士の活躍に心からお祝い申し上げます。

これからも一層、山梨県の皆様へ夢と勇気を与えるためにがんばって下さい。

我々も福島県いわき市の復興のためにがんばります。

福島県いわき市　いわき郷土戦士ジャンガラー

東京都八王子　転生合神ゲンキダーJ

おめでとうございます！

なかなかローカルヒーローが認知されない地域も多い中、とても嬉しいニュースですね!!

僕も栃木で頑張るぜ!!

栃木県　精霊法士トチノキッド

「甲州戦記サクライザー」あらすじ

山梨県・北山梨市。この平和な街に、山梨の制圧を企む、謎の集団「魔玄一族」が現れました。

北山梨市役所超常現象対策課の桜井ケータは、先輩から託された特殊スーツ「タイプ39RA」で「サクライザー」に変身。山梨県を守るために立ち上がります。

しゃべる言葉は甲州弁！　県内二七市町村を舞台に、「魔玄一族」と戦います。毎回、ご当地ヒロインも登場！決して二枚目とは言えない主人公が恋に落ちます。いわば現代版「寅さん」！

シーズン7からは、「甲斐黄金学園」が舞台となり、桜井ケータから「タイプ39RA」を託された武田夕月が「サクライザー」に変身して山梨の平和を守っています。

（　）は舞台となった市町村

☆1stシーズン

第1話「チェンジ！　サクライザー」（北杜市）
第2話「七里岩の攻防」（韮崎市）
第3話「踏みにじられた宝石」（南アルプス市）
第4話「リトルガール」（甲斐市）
第5話「一筆入魂」（富士川町）
第6話「一　撃」（昭和町）
第7話「スピードスター」（丹波山村）
第8話「マモルベキモノ」（甲府市）
第9話「狙われたアーク」（西桂町）
第10話「知らぬが花」（身延町）
第11話「アイレン」（中央市）
第12話「未　来」（山梨市）

※新しいアクション監督を迎え、第9話からアクションが変わってきます。

☆2ndシーズン

第13話「リスタート」（甲州市）
第14話「大月伝説」（大月市）

第15話「林のクリスタル」（笛吹市）
第16話「エコ争奪攻防戦」（都留市）
第17話「上ヶ原の戦い」（上野原市）
第18話「風の力　加速装置」（鳴沢村）
第19話「お魚八海の死闘」（忍野村）
第20話「第3のクリスタル」（富士吉田市）
第21話「フィッシングバトル」（小菅村）
第22話「そして誰もいなくなった」（早川町）
第23話「最後のクリスタル」（南部町）
第24話「無限斬」（市川三郷町）
第25話「明日なき絶望の果てに」（道志村）
第26話「陰　雷」（富士河口湖町・山中湖村）

☆3rdシーズン

第27話「再　生」（北杜市）
第28話「志ほの山」（甲州市）

1～26話の数字（話数）と
市町村が一致

☆シーズン5

ちょっとだけ解説しよう

▼桜井ケータ
主人公。北山梨市超常現象対策課の職員。特殊スーツ「タイプ39RA」を装着することにより、「イケメンでないにもかかわらず」、「サクライザー」に変身する。市役所規定の作業服に市役所の名入りタオルを首にまいているのがいつものスタイル。

▼武田夕月
甲斐黄金学園の生徒。桜井ケータから「サクライザースーツタイプ39RA」を託され、「サクライザー」に変身する。

▼荊沢サラ
北山梨大学生　博士の開発した特殊スーツＫＡＧＵＲＡ〈神楽〉を身にまとい悪と戦う、癒し系ヒーロー（ヒロイン）

▼サクライザー
赤い方　変身して常人の三倍の力が出せる。

▼サクライザー桜牙　（オーガ）
黒い方　変身して常人の五倍の力が出せる。

▼ロボズラー
博士がつくった万能ロボット。

▼魔玄一族
日本の中心（地理的に）山梨の制圧を狙う悪の組織。かつて、武田家に裏の力として仕

えていたが、魔族の力を恐れた家臣団に封印されてしまった過去を持つ。

▼邪鬼礼威子
魔族　魔玄一族の長（おさ）「本能寺の変」の二年後に生まれる。
魔玄忍法影縫い、火炎つぶてを駆使し、サクライザーを追い詰める。タケダクリスタルを奪い、伝説の鬼を蘇らせた。
好きな食べ物：レバ刺し
好きなタイプ：不動明王
二〇一二年七月一日、女性向けイベント「美と癒しのサマーフェスタ」のトークショーで、美について語る。

▼邪忍者兵
魔玄一族の工作員。戦闘から、魔玄一族の家事一般までこなす。神出鬼没。日本で最も鍋好きな都道府県第一位に輝いたことがある山梨で開催された「No.1鍋グランプリ」では、ステージ上に置かれた〝こたつ〟の中から現れて、会場の度肝を抜いた。

▼白須慶子

やまなし大使　女優　初代ヴァンフォーレクイーン

エフエム富士に出演した際、大河ドラマでも、朝の連続テレビ小説でもなく、「サクライザーの高坂副長官でもお馴染みの……」と紹介された。元旦のサクライザーショーの早口言葉対決で、山本博士に敗北し、両親の目の前で顔に墨を塗りたくられるという屈辱を味わう。ヴァンフォーレ甲府のキックオフパーティで、山本博士に膝カックンを決め、悦に入る。

▼三澤紗千香

やまなし大使　人気声優・歌手

「アクセル・ワールド」の黒雪姫／ブラック・ロータス役をはじめ、「ウマ娘 プリティーダービー」のサクラバクシンオー役など、多くの人気作品のキャラクターを演じる。

お母さんが、せっせと野菜と一緒に、「サクライザー新聞」を三澤さんに送り続けたのがキッカケで、ラジオでも取り上げて頂きました。「サクライザー新聞」でも、三澤さんの応援連載がスタート。そして、「サクライザー新聞」企画で、三澤さんとサクライザーと博士で、昇仙峡でほうとうをつくりました。

三澤さんのファンの間では、「サクライザー新聞を手に入れるのは、フィンランドに行くより難しい」と語り継がれています。

おわりに

最後まで、博士の「こうしゃっぺえ話」（生意気な・理屈っぽい話）にお付き合いいただき、ありがとうございます。

「甲州戦記サクライザー」の魅力を伝えられたかといえば、甚だ自信がありません。一〇年という歳月の重みを感じます。

原稿を書きながら、改めて、〝サクライザーと、サクライザーなんだ!!〟との思いを強くしました。ただただ、感謝の気持ちでいっぱいです。ご感想もお寄せください。これからも、地域の文化・産業・思い出を守り、サクライザーと共に、〝選ばれるヒーロー〟になれるよう精進してまいります。

「甲州戦記サクライザー」との、この一〇年の歩みを思い起こすとき、好きな詩の一節を思い出します。

道をつくる人がいる
道をこわす人がいる
道を歩み続ける人がいる
道から外れる人がいる
私は道を開く人でありたい
私は道を歩み通す人でありたい

この道の向こうに、たくさんの顔を思い出します。

「私は命を削ってでも、青春を続ける！」

サクライザーの初期メンバーのSatosixさんのブログによれば、二〇一三年二月三日、博士はそんなことを云っていたようです。ご本人もたぶん、そんなようなことを云ってい た気がします。あのサクライザーと駆け抜けた日々が懐かしく思えると共に、今もこうして原稿を書いているところを見ると、この〝病〟は死ぬまで直りそうにないようです。死ぬまで青春というのも、考えようによったら悪くないですね。


「青春とは人生の或る期間を言うのではなく心の様相を言うのだ。」

「年を重ねただけで人は老いない。理想を失う時に初めて老いがくる」

サミュエル・ウルマン　「青春」より

本書作成に当たっては、「Twitter等のSNS上のコメントを参考、引用させて頂きました。まさに、時代を映す鏡であり、歴史証言であります。それらを組み合わせるとき、今という時代の姿を浮かび上がらせる事ができると考えました。ありがとうございました。

ステージで共に汗を流すチーム・サクライザーの皆さん、テレビ放送に尽力してくれたYBS山梨放送、スポンサー企業、いつも応援し、支えてくださるファンの皆さん、出版にご尽力頂いた「アスパラ社」の向山美和子さんに、心より感謝申し上げます。

表紙の絵をはじめ素敵な挿絵を描いてくれた中村夕月さん、本書の執筆にあたり様々な助言を頂いた元麻布ギャラリー甲府の鎌倉博美さん、「サクライザー新聞」時代から大変お世話になった「猫のスヴニール」に、この場をかりて厚く御礼申し上げます。

仮面ライダーの生みの親、石ノ森章太郎氏に心より感謝申し上げます。

自分らしく、負けない人生を。次号は、いよいよテレビシリーズ制作秘話、反響を呼んだサクライザーの県外での観光ＰＲ、魅力満載山梨の食育、博士とヴァンくん友情物語。婚活イベント潜入記、マジックディナーショー危機一髪……こうしゃっぺえは止まらない！　否、こうしゃっぺえを止めるな！

執筆快調！！！！

次号へ続く　（キートン山田風に）

山本四郎博士　（本名　高野　豊）

「甲州戦記サクライザー　エピソードゼロ」出演（2011年）、「甲州戦記サクライザー」セカンドシーズンより現在に至るまでレギュラー出演。

「甲州戦記サクライザー」シーズン5共同台本、「甲州戦記サクライザー」シーズン7第4話～最終話台本担当。甲州戦記サクライザーショー」では、本人出演の他、怪人の声やMCも担当。

CM；auショップ長坂、クラシエ、フォネット他多数出演。

ラジオ；「こまっちゃんの金曜日」「てっぺん！」「ゲッ☆チュー」（エフエム甲府）毎月ゲスト出演。

「サクライザー新聞」編集長。

親友；ヴァンフォーレ甲府マスコット・ヴァンくん。

マジック；水野翔氏に師事。

Twitter　@hakasesakurizar　Instagram

インスタグラム

高野　豊

1965年3月生まれ。

「月刊桜座スクエア」（発行：甲府商工会議所）編集長を務め、文化と地域おこしの可能性を模索・実践・提案。

映画；『ザ・スノウ』（2002年、香港・日本、監督：ウォン・マンワン）他多数出演。

テレビ；「甲州戦記サクライザー」シーズン2～9（山梨放送）、「家政婦は見た」（テレビ朝日系）、「さすらい署長風間昭平スペシャル」（テレビ東京系）他多数出演。

著作；「地方発ニューシネマ　11人の刺客」「限りなき闘争」「甲斐猛き者」「とっても映画SA・YO・NA・RA」（いずれも自費出版）

ハカセのこうしゃっぺぇ話

―ヒーローは人間の生命に寄りそう―

2023年6月1日　発行

著　者　　山本博士

発行者　　向山 美和子

発行所　　㈱アスパラ社

〒409-3867 山梨県中巨摩郡昭和町清水新居102-6

TEL 055-231-1133

装　丁　㈱クリエイティブ・コンセプト

印　刷　シナノ書籍印刷㈱

ISBN978-4-910674-06-3